QUAND LES MONARQUES NOUS FONT TAIRE

ISBN : 9782380354768

RITCHY THIBAULT

QUAND LES MONARQUES NOUS FONT TAIRE

MASSOT ÉDITIONS

À ma mère qui m'a appris le sens du mot dignité,
à elle dont la vie est un combat permanent,
à cette femme qui me rend fier d'être son fils !

« Si nous vivons, nous vivons
pour marcher sur la tête des rois ».
William Shakespeare

SOMMAIRE

PRÉSIDENCE DE LA RÉPUBLIQUE

Le Préfet,
Directeur de cabinet

Paris, le 24 février 2024

Ce jour, à l'occasion du salon international de l'agriculture qui se tient porte de Versailles, M. Thibault Ritchy né le 20 avril 2004 à Libourne, a tenu en public et devant le président de la République, des propos particulièrement injurieux et menaçants envers celui-ci.

Je souhaite donc déposer plainte, au nom de M. Emmanuel Macron, président de la République, à l'encontre de M. Ritchy pour les faits mentionnés ci-dessus.

Yannick DESBOIS
Directeur adjoint de cabinet
Pour Patrice FAURE

PRÉAMBULE

J'écris ces lignes en ayant à côté de moi, sur mon bureau, une balle de LBD-40. Cette balle, je l'ai ramassée fin juin 2023 à Nanterre durant les émeutes faisant suite à l'exécution par un policier d'un jeune homme de 17 ans, Nahel Merzouk.

Une immense colère éclata lorsque la scène de cette exécution, filmée par un passant, fut mise en ligne sur les réseaux sociaux. Le soir même, elle déborda dans les rues des quartiers populaires.

Le 29 juin à Nanterre, lors d'une marche à l'appel de Mounia, la mère de Nahel, des milliers de personnes sont venues exprimer leur rage et crier leur colère, devant un énième crime policier.

Le déploiement policier autour de la marche était impressionnant, avant même la fin de cette dernière, il y eut des tirs de gaz lacrymogène ; puis toute la nuit des tirs de LBD-40.

C'est lors de cette journée que j'ai ramassé cette balle et que j'ai décidé de l'emmener chez moi, pour ne jamais oublier que dans notre pays lorsque des jeunes se révoltent face à un crime policier, la réponse du pouvoir est d'envoyer des unités antiterroristes, de crever des yeux, d'envoyer en prison et de tuer.

Alors, j'ai gardé cette balle, cette munition d'une arme dont j'avais déjà constaté les dégâts qu'elle provoque. Étant arrivé à l'activisme par le mouvement des Gilets jaunes, j'avais effectivement vu sur le visage de mes amis, celui de Vanessa, celui de Jérôme celui de Manu, ce que ça voulait dire concrètement que de recevoir ça dans la figure.

La vie de mon ami Jérôme Rodrigues est totalement brisée depuis le 26 janvier 2019, jour de son éborgnement par des policiers, au point qu'aujourd'hui il se demande à quoi bon aller au procès requis contre le policier auteur du tir responsable de son éborgnement.

Dans leur *novlangue*, l'acronyme LBD-40 signifie : Lanceur de balles de défense ; c'est en réalité un Lanceur de balles destructrices, fait pour mettre à genoux celles et ceux qui se lèvent contre les oppressions qu'ils subissent.

L'État mutile pour l'exemple, pour que la terreur gagne les esprits et conduise au silence, à l'autocensure, d'où le nom d'une association rassemblant des personnes mutilées, fondée pendant le mouvement des Gilets jaunes : Les mutilés pour l'exemple.

Je me suis focalisé sur le LBD-40, car cette arme offre une image assez éloquente dans la guerre sanglante que mène la classe dirigeante contre les classes populaires.

Mais leur arsenal est loin de se limiter à celui-ci ; en effet, on peut également s'attarder sur les gaz lacrymogènes. Une étude de la société de toxicologie-chimie de Paris évoque les molécules « CS » présentes dans le gaz lacrymogène, qui se métabolisent une fois absorbées par le corps humain en deux molécules de cyanure.

Les effets du cyanure dans le corps humain sont les suivants : le cyanure peut provoquer des intoxications et des blocages dans la chaîne respiratoire. Il touche le cerveau, le foie, les reins et impacte aussi le système nerveux, respiratoire, cardiovasculaire ou les yeux. La molécule peut également entraîner des dommages thyroïdiens et gastro-intestinaux, avec des vomissements et des diarrhées. Les conséquences sur le corps – cataracte, maux de tête, étourdissement, paralysie, tachycardie, hyperventilation… – peuvent être multiples en fonction des organes touchés.

Leur guerre contre les classes populaires se fait aussi avec d'autres armes, les amendes, les gardes à vue, les procès en comparution immédiate ou reportés à des dates très lointaines.

Ce qu'il faut saisir c'est que cette politique répressive, qui est méticuleusement organisée par les dominants, a pour but la silenciation des voix des dominés et des exploités.

Parce qu'il est inacceptable pour eux que des voix s'élèvent dans le pays pour remettre en question leurs intérêts de classe et de race, autrement dit, leurs privilèges.

***

Écrire ce livre, c'est faire le choix de la contre-attaque face à ces gens qui veulent silencier nos voix.

En février 2024, ayant profité de la visite de Macron au Salon de l'agriculture, j'ai grimpé sur une rambarde pour lui dire : « L'éborgneur n'oublie jamais que nous sommes dans le pays de la Révolution française, le pays qui fait tomber la tête des monarques. »

À peine ma phrase terminée, des policiers en civils m'ont violemment attrapé, et ont eu comme premier réflexe de me mettre leurs mains de nervis sur la bouche, pour que je n'émette plus aucun bruit, pour qu'on ne m'entende plus prononcer aucun mot.

Ce geste des policiers, je le trouve particulièrement éloquent, il en dit long sur la volonté de la classe dirigeante, de bâillonner la voix des opposants politiques.

Pour ces gens-là, le fait que des gens du peuple, le fait que des sans-cravates prennent part activement aux débats politiques, aux affaires publiques est quelque chose d'insupportable.

Ils attrapent de l'urticaire lorsque les gens d'en bas, comme ils disent, sortent de leur isolement, se réunissent et forment un peuple. Ils qualifient de populiste quiconque souhaite que les aspirations populaires soient entendues, comme si le mot peuple était une insulte. Ils ne tolèrent pas l'expression de la moindre dissonance vis-à-vis de leur doxa. Ils mettent en scène un semblant d'opposition ; or la réalité c'est qu'aucune réelle remise en question de l'ordre établi n'est autorisée.

Aujourd'hui être un opposant politique en France c'est être exposé à un véritable harcèlement et acharnement des autorités, qui peut se traduire par du fichage policier, des écoutes téléphoniques, des contrôles d'identité récurrents, des gardes à vue abusives, des procédures baillons. Ces dispositifs de surveillance et de répression sont extrêmement violents et ont pour objectif de dissuader les gens de continuer leurs combats. J'y suis exposé depuis maintenant plusieurs mois et j'en sais quelque chose.

Je suis interpellé et placé en garde à vue régulièrement, pour ma simple présence en manifestation, parfois même, je suis arrêté et placé en garde à vue après les manifestations en rentrant chez moi. Je suis inscrit sur plusieurs fichiers de police, ma ligne téléphonique a été mise sur écoute. J'ai subi des contrôles de police totalement arbitraires : une fois en bas de mon domicile et une autre fois à la sortie de mon lieu de travail. En parlant lieu de travail, il s'avère que je suis récemment devenu assistant parlementaire ; là aussi j'ai fait les frais de ce harcèlement du pouvoir en étant le premier assistant parlementaire interdit d'entrer sur son lieu de travail, à savoir l'Assemblée nationale.

Il y a aussi une manière plus pernicieuse et sournoise de faire taire les voix des opposants à l'ordre établi, notamment à travers une invisibilisation médiatique. Les médias des milliardaires peuvent, à tout moment, vous mettre sur liste noire.

Le procès qui m'est intenté à la suite d'une plainte du cabinet de Macron pour les propos que j'ai tenus à son encontre illustre très bien les pratiques du pouvoir pour faire taire.

En l'occurrence, le processus utilisé est celui du procès-bâillon, à savoir une forme de procès systématiquement intenté par des puissants, qui vise insidieusement à faire taire en monopolisant le temps, l'énergie et l'argent des personnes visées. Dans l'histoire, face aux procès-bâillons, les militants ont, à de nombreuses reprises, réussi à transformer ces tentatives de musellement en véritable tribune politique.

S'il y a une catégorie de militants qui a fait le plus face à ce type de procès, ce sont bien les anarchistes, notamment au XIXe siècle.

En effet, après la Commune de Paris (1871), une série de lois dites scélérates fut établie pour mettre au pas la société en censurant l'expression de toutes les idées révolutionnaires.

Prenons l'exemple de la loi Dufaure du 14 mars 1872 réprimant la reconstitution d'une organisation internationale.

C'est en vertu de cette loi que fut intenté, en janvier 1883 à Lyon, un procès-bâillon contre 66 militants anarchistes (le procès des 66), dans un contexte d'effervescence des idées anarchistes dans la région lyonnaise.

Dans le viseur de ce procès, des militants français, mais également des militants étrangers comme le géographe anarchiste Pierre Kropotkine.

Plutôt que de se laisser bâillonner, les militants visés ont décidé de faire de l'enceinte du tribunal une véritable tribune politique ; pris pour cibles pour leurs idées, ils décidèrent d'y faire écho.

Le 19 janvier 1883, dernier jour du procès, un des accusés fit la lecture d'une déclaration collective des prévenus, une véritable ode à la pensée anarchiste, dont je vous laisse lire quelques lignes :

« Les anarchistes, messieurs, sont des citoyens qui, dans un siècle où l'on prêche partout la liberté des opinions, ont cru de leur devoir de se recommander de la liberté illimitée.

Oui, messieurs, nous sommes, de par le monde, quelques milliers, quelques millions peut-être – car nous n'avons d'autre mérite que de dire tout haut ce que la foule pense tout bas, – nous sommes quelques milliers de travailleurs qui revendiquons la liberté absolue, rien que la liberté, toute la liberté ! »

La subversion par excellence, en effet quoi de plus subversif que de faire de la réclame à tes idées lors d'une procédure visant à les faire taire !

Le procureur fut tellement outré par cette utilisation du procès comme tribune politique qu'il dénonça « l'influence » des prévenus, et notamment de l'éloquent Émile Gautier, sur les jurés.

Les militants inculpés transformèrent ce procès en un spectacle mettant en lumière l'absurdité du régime en place, tant à l'intérieur du tribunal qu'à l'extérieur.

Élisée Reclus, géographe, anarchiste et pionnier de la pensée écologiste, bien que séjournant en Suisse pendant la période du procès et n'étant donc pas inculpé, a malgré tout écrit au juge d'instruction pour lui dire qu'il venait de passer deux mois en France et qu'il était prêt à se présenter devant la justice française.

Un véritable acte de solidarité qui montre à quel point ce procès-bâillon a produit l'effet inverse.

Cette pratique du détournement des procès-bâillons n'a jamais pris fin. Il en existe de très nombreux exemples contemporains.

Prenons celui de Manuel Valls, ministre de l'Intérieur qui a intenté en 2013 un procès contre Amal Bentounsi, sœur d'Amine Bentounsi tué d'une balle dans le dos par un policier le 21 avril 2012 et fondatrice du collectif Urgence notre police assassine.

Amal avait parodié un clip de recrutement de la police nationale en publiant une vidéo dans laquelle

elle déclarait : « Vous voulez commettre des violences, crimes, en toute impunité sans être inquiété ? La police recrute. »

À la suite de cette vidéo visant à alerter sur l'impunité policière, Manuel Valls, alors ministre de l'Intérieur, a déposé plainte contre elle en janvier 2013, en conséquence de quoi elle s'est retrouvée poursuivie pour « diffamation publique envers une administration publique ».

Le procès eut lieu en avril 2014 et Amal décida de le détourner en faisant de celui-ci le procès de l'impunité policière. Dans cette perspective, elle fit témoigner des familles de victimes de crimes policiers privées de justice, ainsi que le chercheur en sciences sociales, Mathieu Rigouste.

De nombreux militants, venus en soutien, étaient présents dans le tribunal avec des tee-shirts sur lesquels étaient inscrits les noms de nombreuses victimes de crimes et violences policières.

In fine, ce fut une éclatante victoire d'Amal Bentounsi qui fut relaxée, et à travers elle une victoire éminemment politique, à savoir que, oui, il existe une impunité policière et que, oui, nous avons le droit de le dire.

***

Alors, à travers ce procès qui m'est intenté par le cabinet de l'apprenti monarque, nous allons nous inscrire dans la longue histoire du détournement des procès-bâillons, en soutenant que le crime ultime c'est celui d'être maître et non pas d'être offensé à ce titre !

Nous étions déjà prêts à le faire dès le 9 août 2024, date initiale de ce procès. En effet, mes avocats, Me Alexis Baudelin et Me Henri Braun étaient prêts, de nombreux camarades universitaires avaient préparé des témoignages et des témoins des faits étaient là pour les confirmer.

Notre boxeur Gilet jaune Christophe Dettinger était également présent pour attester de la manière dont l'appareil judiciaire tente d'écraser ceux et celles qui décident de lever la garde contre l'injustice.

Constatant que nous comptions transformer ce procès-bâillon en une véritable tribune politique, en procès des vils agissements de Macron, le parquet a pris peur et ce procès a été renvoyé, tenez-vous bien, en mars 2026, soit deux ans après les faits qui me sont reprochés.

La presse d'extrême droite et de droite extrême instrumentalise ce procès, à chaque article à mon sujet, ils précisent que je suis en procès « contre le président de la République pour des faits de menace de mort ». Générer la peur et l'instrumentaliser, voilà la spécialité de ces gens-là.

Ce livre a notamment pour objet de rappeler que cette affaire n'a rien à voir avec des faits de menace de mort, mais qu'elle est en réalité un exemple particulièrement éloquent du retour en force du crime de lèse-majesté sous le règne de M. Macron, et plus globalement d'une restriction continue de la liberté d'expression politique ces dernières années.

Par ailleurs, il vise à envoyer un message, celui qu'il ne faut jamais se laisser écraser par les dominants et qu'il y a toujours des moyens de contrecarrer leurs mécanismes répressifs.

En effet, ils ont beau avoir des institutions bien huilées, de notre côté de la barricade nous avons les gens, c'est-à-dire un potentiel de solidarité et d'intelligence collective, immense.

***

Le président-monarque a plein de petits valets : des ministres, des préfets, des bureaucrates en tous genres, qui se prennent tous pour des petits monarques et qui ont en commun d'endosser le rôle d'inquisiteur afin de poursuivre quiconque remet en question leur vision archaïque et oppressive de la société.

Mais face aux monarques qui nous font taire, il y a toujours un chemin pour continuer à se faire entendre. Ce manuel de résistance nous donne une idée de ce chemin pour rester debout et faire face au large panel d'oppresseurs qui veulent nous bâillonner.

Jamais ils ne réussiront totalement à nous faire taire, ni par le sang, ni par la corruption, ni par le harcèlement judiciaire. Notre soif de justice est bien trop forte et, grâce au génie populaire, nous trouverons toujours des moyens de résister et de riposter face à ceux qui font le choix de l'exploitation et de la domination.

Un jour le peuple se lèvera et fera taire durablement la voix de l'injustice, et l'heure viendra où la concentration du pouvoir entre les mains de quelques-uns laissera place à l'émancipation de tous.

I. MISE EN CONTEXTE

Il est important de commencer avec une mise en contexte sur le procès-bâillon qui m'est intenté à la suite du rappel historique que j'ai adressé à Macron. En effet, vous devez savoir dans quelles circonstances j'ai prononcé les mots qui me valent d'être visé par une plainte du chef de l'État et poursuivi par le parquet.

Cette mise en contexte va aussi permettre de détricoter la fallacieuse version des faits, avancée par les autorités, notamment policières, qui, dès le début de cette affaire, ont tenté de transformer mes propos. Or il n'y a rien de plus efficace dans cette perspective que de faire appel au récit d'un journaliste indépendant présent sur place. C'est pourquoi ce livre débute par le récit du reporter Enzo Rabouy qui a filmé et documenté cette intense journée du 24 février 2024 au Salon de l'agriculture.

Mais juste avant de vous laisser le lire, j'aimerais saluer le travail de tous les reporters et journalistes indépendants qui documentent courageusement l'autoritarisme de ce pouvoir aux abois. Leur travail est extrêmement précieux, ils mettent en lumière des faits et font écho à des voix qui dérangent en haut lieu.

Récit SIA février 2024 par le reporter et journaliste indépendant Enzo Rabouy :

Le 24 février dernier, j'étais présent en tant que journaliste au Salon international de l'agriculture à Paris, porte de Versailles, pour couvrir la journée de mobilisation des agriculteurs en colère.

Cette 60e édition du SIA s'inscrivait dans un mouvement de révolte des agriculteurs à travers toute la France et plus largement dans toute l'Europe. Pendant plus d'un mois, des actions de blocage routier et de sabotage se sont succédé pour dénoncer le fort taux de précarité auquel sont confrontés les petits exploitants agricoles, et bien d'autres revendications.

Dès 8 heures du matin, les agriculteurs de la Coordination rurale ont forcé l'entrée et ont envahi le hall principal où les personnalités politiques ont l'habitude de faire leur tournée médiatique.

Pendant plusieurs heures, alors que le salon était encore fermé au public, des tensions ont eu lieu avec notamment des charges policières à l'intérieur même du salon, qui ont fait chuter de nombreuses personnes dans les enclos des animaux.

Après une longue attente, le salon a ouvert au public, et c'est à ce moment-là que j'ai été rejoint par plusieurs connaissances dont faisait partie M. Thibault.

Un dispositif policier assez lunaire était présent à l'intérieur même du hall avec des unités telles que la CRS8 qui est soi-disant spécialisée dans la lutte contre les violences urbaines et le trafic de drogue. Des CRS bloquaient également chaque accès aux différentes allées.

En bref, cet événement était clairement privatisé par M. Macron.

Très vite, l'ensemble des personnes qui étaient sur place ont été informées de la présence du président de la République.

En début d'après-midi, la rumeur circula comme quoi Macron allait sortir du Salon, les agriculteurs tentèrent donc en vain de l'attendre à la sortie du hall 1, en entonnant quelques chants tels que « Manu, Manu on t'encule ».

Plus tard dans l'après-midi, après avoir tenté de regarder quelques vaches, nous observions au loin les mouvements de foule faisant suite à des charges policières.

Lorsque tout à coup un policier en civil s'est rué sur M.Thibault et l'a brusquement attrapé avec d'autres policiers. À noter que ce même policier ne nous était absolument pas inconnu, car je l'avais déjà filmé en juillet 2023 en train de contrôler arbitrairement M.Thibault sur les Champs-Élysées.

À partir de ce moment-là, j'ai tenté de filmer la scène avec mon téléphone et ma GoPro, mais, visiblement, ce n'était pas au goût des policiers en civil. L'un d'eux m'a arraché mon téléphone des mains et a coupé l'enregistrement. J'entendais Ritchy appeler au secours.

Alors que ma Go Pro filmait encore, un policier m'a redonné mon téléphone, j'ai tenté de rallumer un enregistrement avec celui-ci.

D'autres policiers en civil m'ont à mon tour attrapé, l'un d'entre eux, d'un ton menaçant faisant plus penser à un comportement de voyou qu'à un « gardien de la paix », m'a ordonné à huit reprises en me tutoyant de « poser mon téléphone » (pour ne pas filmer la scène).

Puis ils ont fini par me déplacer à l'abri des regards derrière des palissades en bois. Un des policiers a balancé mon téléphone par terre et m'a menacé de me virer du Salon. Après un contrôle d'identité, ils ont fini par me relâcher, de même pour Ritchy.

Quelques minutes plus tard, alors que Macron se mettait en scène devant les journalistes entourés par des dizaines de policiers et gendarmes, la tension continuait de monter. Les agriculteurs tentaient de faire entendre leur désespoir. Ils savaient qu'il était rare de pouvoir se rapprocher de celui qu'ils considèrent comme un des responsables de leur souffrance.

C'est à ce moment-là de la journée que M. Thibault a soudainement pris la parole de vive voix en déclarant « L'éborgneur, n'oublie jamais que nous sommes dans le pays de la Révolution française, le pays qui fait tomber la tête des monarques. » J'ai directement pris mon téléphone pour filmer la scène.

À peine eut-il le temps de terminer sa phrase que des policiers en civil se précipitèrent sur lui avec virulence afin de l'interpeller et de le déplacer derrière le dispositif policier, à l'abri des regards. Comme pour étouffer une voix dissonante.

Quelques minutes plus tard, je le filmais menottes aux poignets, accompagné par des policiers en direction de la voiture qui le mènera à ses 48 heures de garde à vue.

La journée continua son cours et les derniers moments de tension eurent lieu tandis que nous apprenions que le président se dirigeait vers un autre hall. Les visiteurs et les agriculteurs ne pouvaient plus entrer dans le bâtiment en question ; des CRS faisaient barrage devant les portes.

En réponse, certains agriculteurs prirent un faux cercueil symbolisant la mort de l'agriculture française et des agriculteurs·ices, et chargèrent les CRS.

Après cette scène pleine de symboles, l'un d'eux déclara au mégaphone devant les CRS : « Macron, ta place est parmi nous dans le cercueil. T'as plus rien à faire dehors. »

II. LA DÉFENSE - TEXTES DES AVOCATS

Lorsque vous êtes dans le viseur de l'État et que vous subissez la répression policière et judiciaire, un de vos soutiens les plus précieux, c'est celui de vos avocats.

Il faut le vivre pour savoir à quel point la visite d'un avocat dans les geôles d'un commissariat ou d'un tribunal est rassurante et réconfortante. Par ailleurs, l'accompagnement de vos avocats est indispensable pour vous permettre de décrypter quels sont les outils juridiques utilisés pour vous faire taire et quelle est votre marge de manœuvre pour y faire face.

Face à la multiplication des procédures à mon encontre, allant des gardes à vue jusqu'aux multiples plaintes et signalements de la classe politique et des autorités (Jordan Bardella, Bruno Retailleau, préfecture de Police de Paris), je peux compter sur deux talentueux et opiniâtres avocats.

Alexis Baudelin, ancien avocat d'affaires reconverti en avocat des activistes et des militants qui sont en première ligne des nombreuses luttes en cours. Alexis a fait le choix des valeurs face à celui des profits, c'est un avocat de terrain qui connaît de près la violence des dispositifs de répression. Il est courageux et n'hésite pas à tenir tête aux autorités qui détournent le droit à leur guise. Il a obtenu de nombreuses relaxes pour un certain nombre de camarades, notamment de camarades écologistes ayant participé à des actions de désobéissance civile.

Henri Braun a ensuite rejoint Alexis dans ma défense. Henri Braun est un avocat pour le moins atypique, souvent baptisé l'avocat des opprimés. Ce surnom, il le doit en particulier à son engagement auprès de nombreux Roms et Voyageurs qu'il a défendus et qu'il continue de défendre. Il a été et il est toujours, dans le cadre d'une affaire encore en cours, l'avocat de Raymond Gurême (1925-2020), un manouche, rescapé des camps français et allemand, qui a rejoint la Résistance et qui, à la Libération, est devenu une des principales figures de la lutte contre l'antitsiganisme. Henri est un excellent orateur et un avocat qui veille à donner une dimension très politique aux affaires comme la mienne.

Avec Alexis et Henri, j'ai fait le choix d'une défense offensive, car nous sommes tous les trois convaincus que la meilleure défense, c'est l'attaque !

1. Alexis Baudelin

14 juillet 2023 – 14 h 20 – Commissariat du 9e arrondissement de Paris –

Observations de Me *Alexis Baudelin adressées au procureur de la République dans le cadre de la garde à vue de M. Ritchy Thibault pour organisation d'une manifestation non déclarée.*

« Madame, Monsieur le procureur de la République,

J'assiste M. Thibault dans le cadre de sa garde à vue. Je m'étonne des motifs de son interpellation en ce jour.

Dois-je rappeler à votre institution que la République française a été fondée sur une glorieuse révolution dont le 14 juillet 1789 est une date emblématique et une journée à l'occasion de laquelle je doute que les révolutionnaires n'aient eu à déclarer la moindre manifestation préalablement à la prise de la Bastille ?

Aujourd'hui, plus que tout autre jour, la liberté de s'exprimer, la liberté de se réunir et la liberté de manifester doivent primer comme valeurs absolues de notre démocratie et aucune restriction ne saurait être admise.

Un monarque qui défile sur les Champs-Élysées peut s'exalter des applaudissements, mais doit aussi accepter les huées et autres quolibets. Le refuser aurait pour résultat de renier les principes essentiels de notre démocratie.

Votre politique répressive à l'égard des manifestants et des opposants politiques est déjà fortement dénoncée par de nombreuses organisations nationales et internationales.

Je vous invite donc à libérer immédiatement mon client si vous ne souhaitez pas aggraver la défiance générale et légitime qui pèse sur l'ensemble du pouvoir. »

Le 14 juillet 2023 à 20 h 30, il est mis fin à la privation arbitraire de liberté de Ritchy, l'affaire est classée sans suite.

C'est donc à l'occasion d'un moment révolutionnaire, dans les geôles d'un pouvoir autoritaire, que débute officiellement une relation de grande camaraderie entre Ritchy et moi.

Nous ne nous connaissions pas et pourtant notre histoire était déjà commune. Bien que nous ayons près de quinze ans d'écart, nous sommes tous les deux nés, une deuxième fois, le 17 novembre 2018. Je suis alors un jeune avocat en droit des affaires dans un grand cabinet anglo-saxon ayant pignon sur rue dans le très chic 8e arrondissement de Paris.

La semaine, je participe à des opérations de fusion de grandes entreprises françaises et internationales et à la mise en place de son lot de mesures, notamment de « rationalisation de la masse salariale », pour garantir une concurrence libre et non faussée et un excellent retour sur investissement à leurs propriétaires.

Et le week-end, je découvre à deux pas de mon immeuble de bureaux, sur les Champs-Élysées, que cette « masse », ce sont des hommes, des femmes, jeunes ou âgé·es qui, sous leurs gilets d'un jaune éclatant, expriment leur désir profond et sincère d'une vie digne. Fasciné par ce spectacle, je l'observe de loin. Puis je fais quelques pas dans leur direction dans un sentiment mêlé de crainte et d'empathie. Puis je me glisse au milieu d'elles et eux. Les préjugés médiatiques portés sur cette foule et qui pouvaient parasiter mon propre discernement sont rapidement balayés. Je suis soudain emporté par une vague puissante et magnifique qui bouleverse alors tout mon être. Je me vois crier avec elles et eux pour la dignité.

Je me vois avec elles et eux et tenter d'arracher ce qui serait une vie meilleure.

Je suis né une seconde fois un 17 novembre 2018, et cette histoire se répète chaque semaine et chaque week-end pendant plus d'un an. Traversé par ce que l'on nomme une dissonance cognitive entre mes convictions politiques et la vie confortable que je mène au service du capital, je finis, après plusieurs années de combat intérieur, par franchir le pas.

Le 1er juin 2021, c'en est fini de gaspiller mes compétences pour un monde des affaires que je veux voir périr.

Je crée mon propre cabinet, et ce sera désormais en tant qu'avocat pénaliste au service des militant·es, des luttes écologistes et sociales, au service de mon idéal de société, le plus beau des idéaux, celui de l'anarchie.

Mais assez parlé de moi, revenons à notre sujet.

Si vous lisez ce livre, c'est que vous connaissez sans doute déjà un peu Ritchy, ses discours de tribun, ses coups d'éclat fabuleux, sa méthode de l'agit-prop et sa grande sympathie. Vous comprendrez donc qu'il y avait de grandes chances que ça accroche entre nous deux. Ça n'a pas loupé et, à chacune de ses arrestations, mon téléphone sonnait: « Me Baudelin, ici l'officier de police judiciaire du commissariat du [au choix]e arrondissement de Paris, M. Thibault vous sollicite dans le cadre sa garde à vue pour [infraction choisie opportunément et sans réalité matérielle] ».

J'en ai passé des heures au côté de Ritchy à rire du côté absurde de ces situations, mais aussi à nous indigner de la facilité avec laquelle le pouvoir pouvait s'essuyer les pieds sur l'État de droit. Ceux qui détiennent le pouvoir sont toujours portés à en abuser, alors imaginez bien que ce ne sont pas quelques vagues règles inscrites dans un Code pénal ou dans une Constitution qui pourront les arrêter.

Puis vint ce fameux 24 février 2024, le pays est alors traversé par un mouvement massif d'agriculteur·ices qui réclament de pouvoir travailler et vivre dans la dignité. Le point d'orgue de la contestation a lieu au Salon de l'agriculture à Paris. C'est le lieu de la cristallisation de toute l'exaspération contre le mépris d'un président de la République qui nargue la foule tout en étant entouré de plusieurs lignes de CRS.

Ritchy est présent au milieu du joyeux bordel, bien résolu à rappeler à l'arrogant président qu'il ne tire sa légitimité que du peuple et que ce peuple peut à tout moment décider de le destituer. Ritchy est ainsi brusquement arrêté par des policiers en civil pour avoir scandé au passage d'Emmanuel Macron : « L'éborgneur ! Souviens-toi que nous sommes au pays de la Révolution française, le pays qui fait tomber la tête des monarques ! »

Alors qu'il a été initialement interpellé pour « outrage au chef de l'État », l'infraction sera requalifiée pendant la garde à vue en « menace de mort à l'encontre d'une personne investie d'un mandat électif public ».

Mes observations au procureur de la République claquent comme des pavés projetés sur les boucliers des pandores :

« Pour la énième fois, mon client a été interpellé pour avoir usé de l'une de ses libertés les plus fondamentales : la liberté d'expression.

Dois-je vous rappeler que la liberté d'expression constitue l'un des fondements essentiels d'une société démocratique, l'une des conditions primordiales de son progrès et de l'épanouissement de chacun et que cela vaut non seulement pour les informations ou idées accueillies avec faveur ou considérées comme inoffensives ou indifférentes, mais aussi pour celles qui heurtent, choquent ou inquiètent l'État ou une fraction quelconque de la population ? Ainsi le veulent le pluralisme, la tolérance et l'esprit d'ouverture sans lesquels il n'est pas de société démocratique. »

Ces mots que j'emploie et qui guident ma pensée du moment sont ceux de la Cour européenne des droits l'homme dans un arrêt fondateur pour la protection de la liberté d'expression, l'arrêt Handyside c. Royaume-Uni du 7 décembre 1976.

Cette fois pourtant, le procureur de la République ne veut pas céder. Il est convaincu qu'il tient enfin la bonne affaire pour faire taire l'inépuisable Ritchy Thibault. Le 26 février 2024, Ritchy est déféré au tribunal judiciaire de Paris. Le procureur de la République nous indique qu'un procès à son encontre pour menace de mort contre Emmanuel Macron aura lieu le 9 août 2024.

Dans l'attente, le procureur de la République veut que Ritchy soit placé sous contrôle judiciaire, cela afin de l'empêcher de manifester ou de s'exprimer dans l'espace public jusqu'au procès.

Le juge des libertés et de la détention en décidera autrement :

« Attendu qu'il ne paraît ni nécessaire ni proportionné, au regard de la personnalité de l'intéressé, notamment de l'absence de condamnation figurant sur son casier judiciaire outre de ses garanties de représentation sur le plan professionnel et de la stabilité de sa situation, de placer Thibault Ritchy sous contrôle judiciaire. »

Le bon sens et la liberté triomphent, c'est une première victoire !

En coulisses, on se prépare pour l'audience du 9 août 2024, ce sera en plein milieu des Jeux olympiques de Paris. Ritchy multiplie les apparitions publiques, il est là en solidarité avec d'autres camarades interpellé·es ou en procès. Il évoque le sien et invite militant·es, syndicalistes, Gilets jaunes et élu·es politiques, à venir le soutenir.

De mon côté, je fais la rencontre de mon éminent confrère, Henri Braun. C'est un avocat extraordinaire, je vais le découvrir très bientôt. Nous assurerons ensemble la défense de Ritchy à l'occasion de ce procès.

Henri a de grandes idées pour l'audience, c'est audacieux, on va faire de ce procès un procès politique comme on en voit rarement, le retourner contre Macron pour en faire le procès du monarque présidentiel, ça me plaît !

Pour ce type de procès, j'apprécie de rédiger des conclusions qui seront transmises au juge et qui serviront de support à nos plaidoiries. Conclusions de relaxe évidemment ! Je démonte méthodiquement l'accusation en montrant que les propos ne peuvent pas juridiquement constituer une « menace de mort ». J'y convoque aussi les grands arrêts de la Cour européenne des droits de l'homme : Handyside, Baldassi, Barraco, Taranenko, Ashughyan, Eon et d'autres encore. Ils constituent notre plus belle barricade pour défendre la liberté d'expression.

Quelques jours avant l'audience, nous envoyons ces conclusions de relaxe au tribunal et nous annonçons aussi la couleur, il y aura quatre témoins : Enzo Rabouy, camarade de lutte de et reporter indépendant, il a filmé la scène. David Libeskind, confrère avocat, ami de Ritchy et grand soutien des Gilets jaunes. Déborah Cohen, maîtresse de conférence en histoire moderne qui nous fera l'exégèse des propos incriminés. Et Christophe Dettinger, Gilet jaune de la première heure, immense symbole de la lutte, mais victime également de l'impitoyable répression étatique.

La présidente de la chambre correctionnelle me répond dans la foulée par courriel et comprend que le procès va avoir de l'ampleur. Elle nous indique qu'il va être renvoyé à une date ultérieure. C'est la déception, mais nous nous y attendions. J'ai beaucoup de procès de ce type qui sont renvoyés à plusieurs mois pour un « recalibrage » plus adapté.

Le 9 août 2024 nous nous présentons à l'audience afin d'acter le renvoi. Alors que nous sommes au cœur de l'été, nous sommes agréablement surpris par le nombre de personnes présentes en soutien à Ritchy. Nous entrons dans la salle, nous débordons d'énergie et de gouaille. L'esprit insolent des Gilets jaunes brise rapidement l'atmosphère feutrée et solennelle du tribunal.

Nous nous sentons puissant·es car nous faisons front commun.

La présidente de la chambre annonce comme prévu le renvoi de l'affaire.

Mon confrère Henri Braun entre alors en scène pour les observations de la défense sur ce renvoi. C'est à ce moment-là que je découvre sa puissance oratoire et à quel point il est extraordinaire.

Mais je laisse le soin aux autres contributeur·ices de ce livre, et bien évidemment à Henri, d'en parler, car j'en déjà suffisamment dit.

Le procès est renvoyé au 26 mars 2026, dans plus d'un an et demi.

Que faire en attendant ? Ne pas attendre justement ! Continuer à lutter, pied à pied, contre ce monde qui doit tomber et pour qu'advienne notre utopie.

2. Henri Braun

Chronique d'un procès qui n'a pas encore eu lieu

Il est difficile et peu commun, lorsqu'on est avocat, de parler d'un procès qui n'a pas encore eu lieu et qui, s'il devait en définitive avoir lieu, apporterait la preuve définitive de ce que le ridicule ne tue pas, en tout cas lorsqu'on appartient au parquet.

C'est donc d'une sorte de réflexion préliminaire qu'il s'agit ici et non d'une uchronie judiciaire tant il est vrai que, comme le disait confraternellement Campinchi à propos de Poincaré, un avocat qui rédige sa plaidoirie n'est pas un vrai avocat.

Les faits sont simples. D'un côté Ritchy Thibault, 19 ans, étudiant en histoire, issu d'une famille de Voyageurs, vétéran du mouvement des Gilets jaunes qui lui a permis de se politiser et de se cultiver. De l'autre Emmanuel Macron, 46 ans, président de la République, pur produit de la bourgeoisie catholique de province et des grandes écoles parisiennes (recalé à l'ENS mais admis à l'ENA après Sciences Po), inspecteur des finances et banquier d'affaires. Le premier est un activiste toujours en mouvement dont la rue est le terrain d'action ; tandis que le second, qui se targue de n'avoir jamais de sa vie participé à une manifestation, est un familier de l'ambiance feutrée des cercles de pouvoir où il a su se faire remarquer avant de se faufiler puis de s'imposer avec une brutalité sans cesse croissante. Leur rencontre est inévitable. Le jeune révolutionnaire épris d'idéal décide d'interpeller directement le représentant le plus évident de ce pouvoir dont l'injustice sociale est le credo revendiqué, et la matraque le moyen d'action privilégié. Mais pas le seul. Dans la répression des manifestations du XXIe siècle, le Flashball puis le LBD 40 sont utilisés couramment et sans discernement. Le nombre de manifestants et de manifestantes blessé·es, éborgné·es, mutilé·es est en augmentation constante depuis le début du mouvement des Gilets jaunes. La contestation a été réprimée avec brutalité par la police et par la justice qui a ainsi confirmé l'intuition fondamentale de Michel Foucault sur la dépendance et le caractère second de celle-ci par rapport à celle-là. Celles et ceux qui ont participé à ces manifestations ont découvert l'arbitraire de la répression et les violences policières auxquelles les habitants des quartiers populaires et les membres des minorités raciales sont accoutumés depuis des décennies. Mais cela Ritchy le savait déjà, lui dont un ami de la famille a été tué par la gendarmerie alors qu'il était enfant. Les victimes des violences policières sont dans leur immense majorité des Noirs, des Arabes ou des Gitans.

Il décide donc, de façon spontanée et sans l'avoir prévu, de s'adresser à celui qu'il considère comme ultimement responsable de cet état de choses injuste, le Jupiter autoproclamé, l'hyperprésident qui entend tout régir, ne rien déléguer et trancher sur toutes les questions relatives à la conduite des affaires de l'État. Emmanuel Macron représente l'essence de la technocratie concentrée en un seul individu et porte avec une ferveur quasi mystique l'idée qu'en chaque matière c'est le spécialiste qui doit trancher et que lui, tête du système, sommet de la pyramide, doit trancher en dernière instance. Telle est sa vision étriquée de la souveraineté qui doit plus au décisionnisme d'un Carl Schmitt qu'à la théorisation de la démocratie par un Hans Kelsen qui repose sur l'indétermination de la norme fondamentale (Grundnorm).

La rencontre advient donc, non à la fin mais au début de l'histoire. Elle sera brève mais marquante. Ritchy interpelle Manu en le traitant d'éborgneur et en lui rappelant qu'au pays de la Révolution française, on fait tomber la tête des monarques. Manu ne répond pas ou, s'il le fait, sa réponse demeure hors champ. Il n'est au demeurant pas certain qu'il ait entendu sur le coup l'apostrophe de Ritchy. Il en a sans doute pris connaissance depuis et, s'il ne l'a pas encore fait, il est inévitable que la teneur de ces propos lui parvienne un jour ou l'autre.

L'adresse critique au monarque – infiniment moins répandue que la louange hyperbolique du courtisan – est un genre littéraire en soi, marqué par la corrélation inverse entre la brièveté de l'interpellation quand elle est orale et la lourdeur de la répression. À trop approcher le monarque, on risque de se brûler les ailes. Témoin Kleitos le Noir, compagnon des premiers temps du futur Alexandre le Grand. Celui-ci le tua net d'un coup de javeline après qu'il eut refusé la proskynèse, sorte de génuflexion destinée à permettre la transition de statut du monarque vers la divinité. Plus près de nous, mais plus incertaine, l'habile répartie de Triboulet, le bouffon du roi François 1er, promis à la mort après avoir raillé trop cruellement le monarque. Magnanime, celui-ci, au regard de ses services passés, lui laissa le choix de sa mort. « *Sire, je souhaite mourir de vieillesse.* » Il fut donc banni.

Mais en France, en 2024, nous sommes en République. Par certains aspects en tout cas. Ritchy fut donc interpellé violemment comme ne le seront jamais ceux qui sont soupçonnés d'avoir détourné des millions, si tant est, évidemment, qu'ils soient inquiétés. Il passa deux jours en garde à vue, soit le maximum légal puisque, faute d'existence formelle d'une infraction de lèse-majesté, l'allongement de la garde à vue applicable aux infractions terroristes n'a pas vocation à s'appliquer. Plus de dix ans avant notre affaire, une loi de 2013 avait abrogé le délit d'offense au chef de l'État à la suite de la condamnation de la France par la Cour européenne des droits de l'homme la même année. Pour mémoire, il s'agissait d'une affaire où Hervé Eon, un citoyen, avait brandi une affiche portant l'inscription « casse-toi pov'con » au passage du président de la République de l'époque, un certain Nicolas Sarkozy. L'affiche reprenait une des citations les plus célèbres dudit président, réputé pour la clarté et la concision de son style ainsi que pour son flegme inaltérable. L'oubli des guillemets ainsi que l'habileté de la défense, qui sut prendre son temps pour faire valoir le ridicule des poursuites, permit de transformer le procès d'Hervé Eon en procès de l'infraction qui en constituait le fondement. Lequel fondement fut ainsi décapité, si j'ose écrire.

Le cabinet du président ayant porté plainte contre des « propos particulièrement injurieux et menaçants », il fallait bien poursuivre. Le parquet n'est pas indépendant. Ni en théorie ni en pratique. Mais il connaît le droit pénal. Au-delà du flou de la formulation présidentielle qui visait deux infractions – injure publique et menace – sans les caractériser se profilait l'ombre toujours présente du crime de lèse-majesté encore réprimé de nos jours, mais pas en France. En Thaïlande, cette infraction existe encore et concerne le roi mais aussi sa famille et même, selon une jurisprudence, son chien. Elle est punie d'une peine pouvant aller jusqu'à quinze ans de prison et des dizaines de personnes sont condamnées et incarcérées chaque année. Heureux pays où la personne du monarque est plus sacrée que l'État de droit ! Si la Thaïlande consentait seulement à adopter le français comme langue officielle et le catholicisme comme religion d'État, nul doute que Bruno Retailleau et quelques autres agités du bocage n'y demandent l'asile, en dépit de leur répugnance affichée pour cette procédure d'origine cosmopolite et de vocation antinationale.

En attendant la restauration de l'Ordre, il fallut bien se rabattre sur le droit commun. Très classiquement, Ritchy Thibault fut placé en garde à vue pour outrage à personne dépositaire de l'autorité publique, un peu comme s'il avait exprimé un point de vue nuancé sur la légitimité d'un contrôle d'identité effectué par un policier dans le 93. Sa garde à vue aurait fort bien pu durer 24 heures, voire moins. Il est en effet difficile d'imaginer une affaire qui requiert aussi peu d'investigations. Les propos ont été filmés et entendus. Il suffisait donc de les retranscrire, de les qualifier, et basta ! C'était compter sans l'ingéniosité du parquet épaulé par les services de police ou l'imagination des services de police couverts par le parquet. Il fut décidé que le téléphone portable du MEC (mis en cause dans le jargon policier) serait exploité et que les agents interpellateurs seraient interrogés. Las, l'objet intelligent ne livra aucune information et les policiers ne répondirent pas aux appels de leurs collègues. On finit par apprendre que leur compagnie était en congé ce jour-là, le lendemain donc.

Mais entre-temps, le parquet eut, comme souvent, une idée géniale. Ce n'était point d'outrage qu'il s'agissait mais de menace de mort. Le simple rappel de faits historiques était en réalité bien plus que cela : un appel à commettre un meurtre sur la personne sacrée du chef de l'État ou même une déclaration d'intention de Ritchy de prononcer et d'exécuter la sentence d'un même mouvement. L'interprétation est délirante, objectera-t-on non sans raison même si l'actualité récente en Syrie, en France ou ailleurs a hélas montré que ce genre d'exécution atroce était encore possible aujourd'hui. Peut-on raisonnablement imaginer Ritchy comme l'union en un seul être de l'accusateur public et du bourreau, une chimère dotée de la tête de Fouquier-Tinville et du bras de Samson, ordonnant et exécutant d'un même mouvement la décollation d'Emmanuel dans une orgie de sang bleu ? Vraisemblablement non. Même le parquet antiterroriste, si prompt à débusquer les terroristes qui s'affichent aussi bien que les terroristes qui se dissimulent, ne saurait faire montre d'une telle imagination.

Osons une hypothèse qui n'est étayée par aucun élément. Ritchy Thibault ne serait-il pas victime de sa caractérisation ethnoraciale comme Voyageur ou gitan ? Un musulman ne devient dangereux que quand il se radicalise même si ce processus peut, selon les services de renseignement, se révéler extrêmement rapide – quelques heures dans certains cas (!). Au contraire, un gitan est dangereux de naissance et par essence. Tout le monde le sait, et il suffit de s'intéresser aux occurrences du syntagme « appartenant à la communauté des gens du voyage » dans la presse quotidienne pour se persuader du caractère de vérité éternelle de ce stéréotype si répandu et aucunement raciste. Emmanuel Macron, montrant le même degré d'expertise en sociolinguistique qu'en épidémiologie, avait déclaré de façon péremptoire que Christophe Dettinger, le héros de la bataille du pont de Solférino, n'avait pas les mots d'un gitan mais qu'ils lui avaient été soufflés par un avocat d'extrême gauche. La parquetière ou le parquetier inconnu (à quand une statue ?) s'est peut-être dit dans l'anonymat solitaire de sa permanence d'un week-end pluvieux : « il a les mots d'un avocat d'extrême gauche mais c'est un gitan ». Ce qui se serait sans doute soldé par des poursuites pour outrage s'agissant d'un gauchiste gadjo (*gadjo* signifie « lambda » en rromani) a finalement muté pour donner lieu à des poursuites pour menace de mort.

Menace de mort sur qui d'ailleurs ? Emmanuel n'était clairement pas visé en tant qu'individu mais en raison de la fonction exercée. Or ce sont les monarques dont la tête est supposée tomber. Est-ce à dire qu'il se considère ou qu'il est considéré par l'appareil administratif et policier comme un monarque ? En même temps que d'autres, cette question sera posée lors du procès.

L'oubli volontaire du terme « éborgneur » sera également souligné. On ne saurait en déduire un quelconque acquiescement de la part des services de police et du parquet à l'idée exprimée, mais plutôt une gêne bien compréhensible face au rappel de la répression féroce du mouvement des Gilets jaunes. Ce point essentiel sera abordé longuement. Il est radicalement impossible de juger des propos très éventuellement empreints d'une violence purement symbolique sans aborder la question des violences réelles qui ont mutilé des corps et brisé des vies. Inspirée ou non de l'idée étudiée par Ernst Kantorowicz des deux corps physique et politique du roi, la « tête des monarques » constitue à l'évidence une métaphore. Ce qui est visé, ce n'est pas la personne mais bien le pouvoir et la légitimité à l'exercer. Qu'on ait pu ne serait-ce qu'envisager qu'un simple rappel historique puisse constituer une menace en dit long sur la crispation du pouvoir macronien et sa méfiance à l'égard de toute manifestation politique populaire qui ne soit pas institutionnalisée, encadrée et *in fine* canalisée.

En définitive, c'est l'absolu du pouvoir qui transparaît dans cette procédure qui n'aurait pas dû exister si la France avait connu un régime pleinement démocratique en 2024. Rien n'est anodin dans ce dossier : ni la durée de la garde à vue, ni la qualification pénale retenue, ni même la date d'audience. Le choix initial du vendredi 9 août – en plein pendant les Jeux olympiques – peut s'expliquer soit par un souci de discrétion s'agissant d'une procédure au fondement juridique incertain, soit par une volonté de minimiser la mobilisation en faveur de Ritchy, ce qui en définitive revient au même. Ce dossier m'aura en tout cas permis de faire la connaissance d'Alexis Baudelin, confrère devenu ami, dont la rigueur dans le raisonnement juridique n'a d'égale que la constance dans l'engagement. Le mouvement des Gilets jaunes l'a convaincu de quitter le confort ouaté des cabinets d'avocats spécialisés en droit des affaires pour battre le pavé en conformité avec son idéal de justice sociale. Magnifique illustration du moment où la voix de la conscience s'élève avec une force telle qu'il est impossible de lui opposer le poids des habitudes ou la force des convenances. On pourra l'appeler impératif catégorique si l'on y tient.

Cette affaire constitue, étant donné la qualification retenue par le parquet et la lourdeur des peines encourues (cinq ans d'emprisonnement et autant de privation des droits civiques), une atteinte à la liberté d'expression sans précédent depuis le début de la Ve République. Ritchy, Alexis et moi attendions donc avec un intérêt certain l'audience du 9 août 2024. Les quatre témoins cités par la défense étaient présents : le journaliste Enzo Rabouy et l'avocat David Libeskind, témoins directs des faits, ainsi que l'historienne Déborah Cohen et le boxeur Christophe Dettinger.

La présidente a annoncé d'emblée devant une salle plus que comble que l'affaire était renvoyée devant une formation collégiale, soit trois juges. La défense s'est étonnée du déroulement de ce procès. Elle a indiqué qu'il faudrait prévoir une journée complète d'audience eu égard à la complexité et à l'importance des problèmes juridiques et constitutionnels en cause dans cette affaire, le président étant le garant de l'indépendance de l'autorité judiciaire selon l'article 64 de la Constitution. Nous avons prévenu que le nombre de témoins cités serait sensiblement plus important et que nous demanderions le visionnage de l'ensemble des vidéos de l'interpellation et de l'arrestation musclée qui s'est ensuivie.

L'audience a finalement été reportée au 26 mars 2026 à 9 heures devant la chambre correctionnelle n° 24/2. Cette violation manifeste du droit à être jugé dans un délai raisonnable ne doit en aucun cas s'accompagner de cette autre violation du principe du procès équitable défini par l'article 6 de la Convention européenne des droits de l'homme que serait l'absence tout au long de la procédure de la moindre confrontation entre les deux protagonistes. C'est pourquoi nous avons demandé si Emmanuel Macron avait été avisé personnellement de la première audience, et nous avons insisté pour qu'il le soit de la suivante. La comparution personnelle de la personne qui se prétend victime d'une infraction est importante pour qu'elle puisse faire entendre sa voix mais également pour que puisse avoir lieu la confrontation avec le prévenu qui, seule, permet de déterminer si l'infraction a bien été commise. Ce principe a été rappelé avec force par la chambre criminelle de la Cour de cassation dans un arrêt du 4 avril 2024 (n° 22-80.417). En substance, cette jurisprudence rappelle que s'il n'existe pas de possibilité de contraindre la partie civile à comparaître devant la juridiction correctionnelle, il appartient aux juges, dans la mesure où il n'y a pas eu préalablement de confrontation entre les parties, d'envisager l'ensemble des moyens procéduraux à leur disposition pour permettre cette confrontation et de vérifier si l'absence de la partie civile est justifiée par une excuse légitime. La principale excuse retenue dans ce cas est la peur éprouvée par une personne en raison de sa fragilité. En l'espèce, il est incontestable que M. Thibault présente un gabarit passablement impressionnant et que la partie civile est affectée par une certaine précarité, sa fonction actuelle étant exercée à durée déterminée sans aucune possibilité d'évolution vers une durée indéterminée dans le cadre de son poste actuel, ce dont on ne peut par ailleurs que se réjouir. En cas d'absence du plaignant, c'est au tribunal qu'il appartiendrait *in fine* d'apprécier le bien-fondé de l'excuse présentée et de tirer les conséquences procédurales d'une éventuelle dérobade.

La confiance que nous devons naturellement à la justice de notre pays ne nous empêchera pas de conserver une salutaire vigilance.

L'affaire Thibault contre Macron ne fait que commencer.

La suite au prochain numéro.

III. LE TEXTE QUE JE VOULAIS PRONONCER AU TRIBUNAL LE 9 AOÛT, AVANT LE REPORT DU PROCÈS

Bonjour à tous,

Je suis aujourd'hui, ce 9 août 2024 convoqué au tribunal judiciaire de Paris pour avoir dit à Macron le 24 février : « L'éborgneur, n'oublie jamais qu'on est dans le pays de la Révolution française, le pays qui fait tomber la tête des monarques. »

Il y a quelques jours, en méditant sur cette affaire ubuesque avec un ami et camarade, nous nous sommes aperçus que ce procès a lieu à l'occasion des 151 ans de la déportation dans une enceinte fortifiée en Kanaky de Louise Michel.

Elle embarquera effectivement à Saint-Martin-de-Ré le 9 août 1873 pour la presqu'île de Ducos, où elle arrivera en décembre.

Je me permets de vous partager ce hasard du calendrier qui a le mérite d'illustrer une chose.

C'est que de tout temps, l'institution judiciaire, à ne pas confondre avec la justice, se met au service du pouvoir afin de reconduire au silence celles et ceux qui contestent l'ordre établi.

Le philosophe Michel Foucault, dans une interview du 25 avril 1977, expliquait en effet que la véritable fonction de la justice (l'institution judiciaire) est d'être au service de la police dans son rôle de normalisation de la société.

Bon, il convient désormais d'expliquer pourquoi et comment je me suis retrouvé à prononcer face à Emmanuel Macron les mots qui me valent aujourd'hui d'être dans un tribunal.

Tout a commencé le 17 novembre 2018, alors âgé de 14 ans, je me suis rendu, ou du moins retrouvé, sur un rond-point à Pineuilh en Gironde.

Il était occupé par des gens en détresse, suffoquant sous le poids de l'angoisse quotidienne.

L'angoisse de ne pas savoir comment payer… Payer l'essence pour aller au travail, payer la cantine des enfants, payer les factures d'électricité, payer toujours et encore. Avec des prix de plus en plus élevés et un salaire figé depuis une éternité.

Bref, ce rond-point, comme des centaines d'autres en France, il était occupé par des gens de bonne foi, qui étaient dans un désarroi total, des gens n'arrivant pas à joindre les deux bouts, comme le dit le vieil adage.

Alors bien gentiment, à coup de « Monsieur le Président de la République » et de « la police avec nous », ils cherchèrent à avoir des réponses à leurs doléances loin d'être révolutionnaires.

Mais eux qui, pour beaucoup, n'avaient jamais manifesté, quelle ne fut pas leur terrible surprise de se retrouver confrontés aux gaz lacrymogènes, aux matraquages, aux tirs de LBD 40, aux insultes d'une police exécutant froidement des consignes ayant pour but de terroriser les manifestants et de reconduire au silence les « Gaulois réfractaires ».

Quelle violence d'être confrontés à des corps vidés de toute humanité, exécutant froidement, parfois même avec zèle, les ordres, les ordres, les ordres ; de tout temps, les sous-fifres du pouvoir, les petites mains qui œuvrent au maintien de l'injuste n'ont que ce mot à la bouche.

Alors, au début, nous étions un peuple comparable à une classe qui se tient sage, mais à force de confrontation avec la violence de l'appareil d'État, beaucoup d'entre nous ont pris conscience que les défis qui nous guettent sont bien plus grands que le simple fait de s'insurger contre la survie du quotidien.

Beaucoup de Gilets jaunes, blancs, habitant des campagnes, épargnés de fait par l'oppression raciale, ont pris conscience en subissant les violences policières pour ce qu'ils pensent, qu'autour d'eux depuis des décennies des personnes noires, arabes et des gitans pour la plupart, subissent des violences policières ; en réalité, quelque chose d'encore plus tragique, des crimes policiers non pas pour ce qu'ils pensent mais pour ce qu'ils sont.

Pour ma part, j'ai pris conscience que L'État français qui crache à la figure de ceux qui vêtus des gilets fluorescents exigent la dignité, eh bien c'est en fait le même monstre qui envoya la génération de mes grands-parents dans des camps d'internement français, envoyés dans des camps, car « nomades » pour reprendre le lexique de l'administration du pays dit des droits de l'homme.

J'ai pris conscience que cette police française a une histoire, une histoire coloniale, antisémite, antitsigane, raciste et homophobe.

Cette police créée par une loi du maréchal Pétain en 1941, dès sa création, était utilisée pour enfermer les voyageurs dans des camps, livrer des juifs aux nazis comme lors de la tristement célèbre rafle du Vel d'Hiv, mais aussi traquer les résistants pour s'assurer de l'attitude collaborationniste de tout un peuple.

Lorsque l'on connaît l'histoire de cette institution, comment s'étonner que ce soit elle qui soit chargée de casser la gueule des manifestants.

*

L'histoire, voilà une discipline amie du juste, dont bon nombre de pouvoirs aimeraient contrôler l'écriture, tel le ministère de la Propagande dans le roman *1984* de George Orwell.

En effet, la sagesse populaire nous apprend que qui ne connaît pas son histoire est conduit à en subir à nouveau les pires passages.

Voilà pourquoi, une fois mon bac obtenu (avec comme sujet de philo : « Revient-il à l'État de décider de ce qui est juste ? », nous y reviendrons tout à l'heure), j'ai décidé d'entamer une licence d'histoire dont je vais commencer ma troisième année lors de la rentrée 2024.

J'ai appris dans la rue, et parfois sur les bancs de la fac, qu'il y a deux visions de l'histoire qui s'affrontent, celle des dominants et celle des dominés.

J'ai fait le choix d'épouser celle des miens, celle de ma classe, comme disent nos amis marxistes.

Dans notre histoire, il y a par exemple deux 14 Juillet en concurrence : celui des dominants, autour 14 juillet 1790 et de la Fête de la fédération, qui ne fut rien d'autre qu'une pathétique mise en scène d'une illusoire concorde nationale ; et puis il y a notre 14 juillet à nous, celui de la prise de la Bastille, celui au cours duquel une émeute pleine de vitalité du peuple de Paris fit tomber ce vieux symbole de l'arbitraire royal.

Alors aujourd'hui la bourgeoisie a érigé sa vision de l'histoire comme vérité absolue, elle a, tous les

14 juillet, son sinistre défilé militaire, bien sécurisé pour empêcher quiconque aurait l'idée de rappeler la mémoire du 14 Juillet populaire de s'en approcher.

En atteste mon expérience en la matière : conduit le 14 juillet 2023 en garde à vue pour organisation de manifestation non déclarée pour ma simple présence sur les Champs-Élysées ; et suivi, celui de l'année suivante, toute la matinée par deux agents de la préfecture de police de Paris...

Ils appellent ça la liberté d'expression, l'État de droit, et le meilleur pour la fin, la démocratie.

Mais nous sommes nombreux à ne pas vouloir voir l'histoire populaire disparaître, alors nous écrivons encore et toujours, nous le faisons pour que vive la mémoire des mobilisations, des révoltes, des soulèvements, des émeutes, des insurrections et des révolutions.

Celle de 1789 avec la grande Révolution française qui, au terme d'un processus, mit fin à la monarchie absolue en faisant tomber la tête de cette dernière, le 21 janvier 1793.

Certains y verront l'ablation d'un homme, nous y voyons la chute d'un régime.

Celle des Trois Glorieuses qui, du 27 au 29 juillet 1830, eut raison de la tête de Charles X en le contraignant à l'abdication, et qui fut représentée par Eugène Delacroix et son célèbre : *La Liberté guidant le peuple.*

Celle de 1848, qui fit tomber Louis-Philippe en le contraignant à l'abdication le 24 février de la même année à la suite notamment d'une série de grands banquets populaires.

Celle de 1871 avec le peuple de Paris qui se leva contre les compromissions de la bourgeoisie au pouvoir souhaitant collaborer avec l'ennemi prussien.

Elle qui accoucha de la Commune, ce régime où comme un, comme une, les gens proclament le règne de l'intérêt commun.

Mais encore, les grèves joyeuses de 1936 avec un peuple faisant front contre la menace fasciste et pour le progrès social !

Sans oublier les grèves de 1947 aux cris de « CRS'SS » signifiant que même si l'ennemi extérieur fut repoussé, il demeura dans le pays un ennemi intérieur.

Le soulèvement des étudiants de Mai 1968 et les millions de grévistes qui les accompagnèrent.

Les émeutes de 2005, à la suite de la mort de Zyed et de Bouna causée par des policiers.

Les grèves contre la loi travail d'un gouvernement prétendument de gauche en 2016.

Le surgissement des « gueux » sur les ronds-points et dans le petit Paris bourgeois en 2018 avec le splendide mouvement des Gilets jaunes.

Et enfin, plus récemment, les mobilisations de l'année 2023 contre l'inique réforme des retraites, et la même année les émeutes populaires contre l'exécution du jeune Nahel Merzouk.

Le soulèvement paysan de janvier et février 2024 contre un productivisme agricole mortifère, qui tue à la fois les paysans en les poussant au suicide, mais tue aussi le vivant en empoisonnant les terres.

Soulèvement paysan démontrant la fragilité du pouvoir qui, enfermé dans ses beaux palais parisiens, prit conscience que les dorures ne se mangent pas et que sans l'approvisionnement de la capitale en denrées alimentaires venant de la « province » comme ils disent, ils n'ont rien, ils ne sont rien.

N'oublions pas non plus, les nuits décoloniales de ce printemps 2024, à travers lequel une grande partie de ma génération a exprimé dans le pays le refus de cautionner le génocide en cours en Palestine, et durant lesquelles nous avons exprimé notre solidarité avec les peuples subissant le joug colonial et/ou la domination néocoloniale, de la Palestine au Congo, d'Haïti à la Kanaky.

L'ensemble de ces surgissements populaires ont chacun de nombreuses limites, il n'en demeure pas moins que, chaque fois, le peuple en fut l'acteur déterminant, et qu'ainsi il leva la tête et recouvra sa dignité !

Notre histoire c'est celle-ci, à savoir celle de ceux qui refusent de baisser la tête, de courber l'échine, de subir en silence, mais qui se lèvent contre toutes les oppressions, qui s'insurgent contre l'injustice, qui se défendent face à toutes attaques et provocations d'un pouvoir qui ne tient que par la violence.

Vous l'avez compris, il n'est pas question que de l'histoire mais également du temps présent.

***

Comment pourrais-je rester inerte et silencieux ?

Inerte et silencieux face à une société qui génère à échelle industrielle du malheur, de la détresse, de l'anxiété et du désespoir.

Cette société de l'opulence de quelques-uns au détriment de millions de miséreux.

Ce système qui détruit méthodiquement la Terre, qui anéantit le vivant et qui nous empoisonne et maltraite nos corps.

Leur monde est pourri jusqu'à l'os, leur monde c'est la hiérarchisation des races, la classification sociale, les dominations de sexes et de genres.

Comme la majorité des humains, j'ai grandi en subissant dans ma chair les oppressions de ce système classiste, raciste, validiste et patriarcal.

Je me souviens de Daniel, ce grand ami de la famille avec qui nous partagions de joyeux repas, abattu par des gendarmes de plusieurs balles dans le dos alors que j'avais à peine une dizaine d'années.

Abattu par des gendarmes comme beaucoup de voyageurs avant et après lui, Angelo Garand, Henri Lenfant et plus récemment Maiky Lorech tué de plusieurs balles dans la tête alors qu'il se trouvait dans sa voiture avec sa femme et leur bébé de 6 mois.

Je me souviens de mon grand frère harcelé à l'école car souffrant de troubles psychiques.

Je me souviens du harcèlement raciste à l'école, d'une prof qui un jour, au collège, m'a dit : « de toute façon vous les gitans vous n'avez pas d'histoire ».

Je me souviens de ma grand-mère me racontant à la fin de sa vie les souffrances endurées par elle et les siens, contrainte de se cacher durant la Seconde Guerre mondiale, car traquée par la police française comme tous ceux que l'État français, appelait à l'époque « les nomades ».

Je me souviens de la période où mon oncle a failli perdre la vue, car exposé toute sa vie durant à des intrants chimiques en tant qu'ouvrier agricole.

Bref, je garde en mémoire ces souvenirs, ancrés au plus profond de moi, qui sont tout sauf de la malchance, mais au contraire les conséquences dramatiques d'un système intrinsèquement injuste et inégalitaire fait pour quelques « gagnants » sur le dos d'une majorité de « perdants ».

***

Derrière chaque injustice se cachent des coupables, ce système injuste se maintient car de sinistres personnages y œuvrent.

Macron est un de ces serviteurs zélés du monde de la finance.

Permettez-moi aujourd'hui d'ouvrir son procès.

Il a signé les ordonnances travail impliquant la suppression de certains critères de pénibilité.

Il a donc augmenté le nombre de morts au travail.

Du fait de ses choix politiques, le nombre de personnes sans-abri a explosé.

Il a donc augmenté le nombre de morts de la rue.

Il a condamné les gens à travailler 2 ans de plus avec sa réforme des retraites : ainsi, il a condamné des gens à mourir au travail, il a privé des enfants et des petits-enfants de quelques instants de bonheur avec leurs parents et grands-parents.

Il a participé au délabrement de l'hôpital public : ainsi, il a une grande responsabilité dans l'augmentation inquiétante du nombre de gens qui, faute de soins, meurent dans les couloirs des hôpitaux.

Il a défendu les intérêts de l'agro-industrie et de l'industrie chimique, ce qui a pour conséquence l'empoisonnement des terres et des corps, et donc l'explosion du nombre de cancers.

Il a ordonné la répression par le sang du mouvement des Gilets jaunes, il a ordonné les éborgnements par dizaines, les mutilations par centaines.

La répression de toutes formes de contestation sous son règne a même causé des morts.

Bref, la liste est longue, il me faudrait bien du temps pour la rendre exhaustive, mais retenez simplement que ce petit monsieur a les mains pleines de sang.

Alors, messieurs, mesdames, qui prétendez incarner la justice, qu'attendez-vous pour le juger ?

Ne soyons pas dupes, il n'y a pas grand-chose à attendre de votre institution, lorsque l'on sait par exemple que les magistrats du parquet sont nommés par le président de la République.

Elle est belle la séparation des pouvoirs !

Je vous le dis avec beaucoup de sincérité, vous me dégoûtez, vous qui condamnez des malheureux crevant la faim qui volent pour se nourrir, alors que les grands délinquants en cols blancs qui détournent des millions bénéficient d'une grande mansuétude…

***

Alors, puisque vous n'êtes pas près de le juger, de les juger, nous agissons, nous nous sauvons nous-mêmes, comme le dit la chanson.

C'est pourquoi, oui, le 24 février au Salon de l'agriculture, en plein milieu d'une immense gronde du monde paysan, j'ai décidé de rappeler au gars exécrable dépourvu d'humanité qui est, paraît-il, président de la République, que c'est un « éborgneur » en ce sens que conformément à l'ordre qu'il a donné de réprimer le mouvement des Gilets jaunes par le sang, eh bien cela a engendré l'éborgnement de dizaines d'hommes et de femmes qui réclamaient simplement un petit peu de considération et de dignité.

Je pense notamment à mes amis et camarades Jérôme, Manu, David et Vanessa qui se sont fait éborgner, et dont la vie est depuis totalement brisée.

Je tiens également à lui rappeler, à lui qui est assis sur son trône dans le palais de l'Élysée et grand adepte de repas à un demi-million d'euros au château de Versailles, que nous sommes dans le pays de la Révolution française.

Celle où durant la grande peur, les châteaux de la noblesse fut mis à feu et à sac, celle où le 14 juillet 1789 le peuple de Paris fit tomber la Bastille symbolisant alors l'arbitraire royal.

Faire vivre cette mémoire est une nécessité, qui donnerait peut-être l'idée de s'inscrire dans cette noble histoire en faisant tomber les symboles contemporains de l'arbitraire, non plus royal mais présidentiel, tels que l'Élysée ou le fort de Brégançon.

Enfin, pour terminer, je lui ai rappelé que nous sommes également le pays qui a fait tomber la tête des monarques.

Eh oui, c'est une fierté que d'être dans un pays qui a fait tomber la tête de plus d'un monarque, au sens littéral pour Louis XVI à une époque où la peine de mort était en vigueur – bien heureusement, elle est abolie aujourd'hui –, mais également au sens figuré, comme dit précédemment, avec l'abdication de Charles X et de Louis-Philippe.

***

Alors mesdames, messieurs du tribunal, une grande question se pose désormais à vous, allez-vous me condamner ?

Allez-vous me condamner pour le rappel d'une vérité factuelle, permettez-moi le pléonasme ?

En effet, allez-vous me condamner pour vous avoir rappelé que Macron est un éborgneur ?

Allez-vous me condamner pour un rappel historique, à savoir que nous sommes dans le pays de la Révolution française, le pays qui fait tomber la tête des monarques ?

Vous savez, au fond, je m'en tamponne le coquillard de votre verdict, ce qui m'importe c'est d'être du côté de ce qui me semble juste, du bon côté de la barricade.

Vous savez, depuis mon arrivée à Paris en septembre 2022 pour entamer mes études d'histoire, j'ai enchaîné les gardes à vue arbitraires, toutes classées sans suite hormis celle de 48 heures qui a donné lieu à ce procès.

J'ai par exemple été arrêté le 2 juillet 2023 dans le cadre des mobilisations faisant suite à l'exécution de Nahel Merzouk, pour « appel à l'émeute » ; *in fine*, l'OPJ du commissariat s'apercevant de l'absence totale de substance de cette garde à vue, m'a fait sortir en pleine nuit au bout de 5 heures de privation de liberté avant même que je signe une quelconque notification de droits.

Dans ces moments-là, je me dis que j'ai fait le bon choix, car oui je préfère mille fois m'émouvoir et me mettre en mouvement, c'est-à-dire, littéralement, participer à une émeute consécutive à la froide exécution d'un jeune de 17 ans, que de rester stoïque et apathique.

Je vous raconte ça pour vous dire encore une fois que les dérives de la police et leurs normalisations par l'institution judiciaire sont assez logiques dans le système actuel, et donc que sur le plan politique et moral les décisions de ces institutions ont bien peu de valeur à mes yeux…

En ce sens, vous allez peut-être normaliser un retour en force du crime de lèse-majesté comme cela est le cas depuis l'an I de la macronie.

Je me permets de lister quelques exemples assez éloquents, répertoriés par nos camarades du média Contre-Attaque :

• En avril 2023, un homme de 77 ans avait été interpellé pour avoir installé une pancarte « Macron, on t'emmerde » devant sa maison.

• En mars, une quinquagénaire du Nord de la France avait posté sur Facebook, avant une intervention de Macron à la télévision : « L'ordure va vous parler demain à 13 heures. » Arrestation à domicile.

• Le même mois, un enseignant a été placé en garde à vue pour avoir posé sur les rails de la gare de Nice un pantin à l'effigie du président Macron.

• Durant le confinement, plusieurs personnes ont été arrêtées ou menacées par la police pour avoir déployé sur leurs domiciles des banderoles « Macronavirus, à quand la fin ? »

• Le 7 avril 2018 à Nantes, lors d'une manifestation, une marionnette en papier et en chiffon à l'effigie de Macron avait été jugée symboliquement et pendue. Pendant deux mois, une équipe de la police judiciaire de Nantes avait enquêté et interpellé un homme à son travail, avant de le placer en garde à vue et de perquisitionner chez lui. La presse avait écrit, sans rire : « On le soupçonne d'avoir frappé la marionnette. »

Si vous êtes entrés dans cette institution pour défendre vos intérêts et privilèges de classe et de race, eh bien vous le ferez ; si vous y êtes entrés avec d'autres sentiments plus justes, ce qui doit quand même être le cas pour un certain nombre d'entre vous, alors vous vous en abstiendrez sûrement.

Bref, vous avez bien compris que chaque fois que nous serons emmenés dans vos tribunaux, nous nous en servirons en guise de tribune politique, car ces procédures ont des motivations uniquement politiques ; à savoir semer la terreur et dissuader les gens d'entrer dans l'action révolutionnaire.

Mais tous les gaz lacrymogènes, tous les LBD 40, toutes les grenades désencerclantes, tous les commissariats, toutes les procédures-bâillons ne suffiront pas à nous faire taire.

Hugo disait en son temps qu'aucune armée au monde ne peut arrêter une idée dont l'heure est venue. J'ai envie de vous dire mieux encore, aucune armée au monde n'arrêtera l'intifada généralisée qui va faire tomber ce vieil ordre des choses dont les jours sont comptés.

***

J'aimerais conclure mon propos par un appel :

Humaines, humains, habitants et habitantes de la planète Terre, plus vite nous nous soulèverons, plus vite nous serons débarrassés d'une vie oppressante, étouffante, débarrassés de la survie quotidienne, des rythmes étouffants et aliénants, des perpétuelles angoisses et tracas que produit cette bien triste société.

Nous ne sommes pas condamnés à cette misérable existence, nous ne sommes pas condamnés au pire, nous pouvons arracher le meilleur !

Alors si vous aussi vous ne supportez plus de devoir courir en permanence, d'être contraints de produire toujours plus, de devoir être toujours plus rentables, alors, dans ce cas de figure, rejoignons-nous tous pour former des rangs solides qui assiègent les citadelles et les postes d'avant-garde qui protègent le règne du capital et de l'avidité.

Par tous les moyens, faisons-le tomber, détruisons-le, mettons un terme à nos souffrances, libérons-nous, émancipons-nous !

Notre belle mobilisation sera éprouvante, elle ne sera pas sans difficulté, mais nous nous délecterons des fruits de cette dernière qui seront énergisants, tonifiants, stimulants et égayants, qui nous donneront la pêche.

À la fin, c'est un monde meilleur qui nous attend, nous l'arracherons ce monde dans lequel nous pourrons prendre le temps de vivre, prendre le temps d'aimer et de chérir les nôtres, ce monde dans lequel nous pourrons transmettre et partager avec nos enfants et nous imprégner de la sagesse, des souvenirs et de l'impertinence de nos anciens.

Un monde meilleur dans lequel le mot dignité prend tout son sens, à savoir un monde dans lequel chaque être humain peut prendre le temps de se découvrir et de s'affirmer tel qu'il l'entend sans être assigné à un statut quelconque par une société stigmatisante et excluante.

Un monde dans lequel ce sera fini de voir des gens crever de faim et de froid dans nos rues.

Une vie débarrassée de la misère où les richesses, à savoir les fruits de nos efforts et de nos souffrances au travail, sont mutualisées avec comme boussole l'intérêt commun et le bien-être collectif !

Une société meilleure polymorphe qui rompt avec l'uniformisation, une société où chacun peut vivre au rythme qui lui est adapté, une société où chacun peut multiplier les expériences afin de choisir librement la vie qu'il entend mener.

Une existence harmonieuse avec le reste du vivant qui met un terme au joug mortifère de l'homme sur la Terre.

Les rapports de soins et de protection des êtres humains entre eux et avec le reste du vivant ne pourront s'avérer que vertueux.

C'est bien le fait de penser nos vies comme étrangères à notre milieu qui génère autant de souffrance et de malheur.

*

Ce monde-là, ce monde meilleur, ils ne nous le donneront pas, il faudra, comme je l'ai dit plus haut, l'arracher car il implique la fin des privilèges d'une petite minorité profitant d'un ordre social particulièrement vertical.

Alors chers amis, ne nous résignons pas, faisons le choix de l'action, faisons le choix de l'amour révolutionnaire entre tous les prolétaires, entre tous les dépossédés et spoliés qu'ils soient beaufs ou barbares.

Seule la prise de conscience que nous avons bien plus à gagner ensemble que continuer à perdre en étant divisés sera la clé de notre libération.

Empruntons le chemin des femmes et des hommes de tout temps qui font le choix d'être debout face à l'oppression avec un désir irrépressible de jours meilleurs !

Ce chemin, c'est celui des prisonniers du camp des familles tsiganes d'Auschwitz-Birkenau qui se soulevèrent le 16 mai 1944, armées de pierres, de cailloux, de pioches et de divers outils et qui réussirent, au moins pendant quelque temps, à faire reculer les SS.

Ce chemin, c'est celui de M'Balia Camara, cette femme guinéenne, née en 1929, qui refusa de se laisser assigner aux seules activités domestiques et qui, au lieu de cela, participa à la lutte contre la domination coloniale française.

Elle y donna sa vie entière jusqu'à ce que Sylla, un de chefs locaux acheté par les colons français, lui retire la vie en entrant dans sa maison avec un sabre aiguisé à la main.

Elle lui résista vaillamment bien qu'enceinte de 8 mois, mais le traître Sylla lui enfonça son sabre dans le ventre et, une semaine après cette blessure, le 18 février 1955, M'Balia Camara mourut à l'âge de 26 ans.

Ce chemin, c'est également celui d'Henri Fertet, sûrement le plus jeune résistant, qui décida dès l'été 1942, avant que le vent tourne et que les girouettes changent de camp et retournent leur veste, de rejoindre un groupe de résistants près de Besançon.

Avec certains de ses camarades, il est arrêté par les nazis le 2 juillet à 3 h 30 puis interné à la prison de la Butte et fusillé le dimanche 26 septembre 1943 à 7 h 36 à la citadelle de Besançon, à l'âge de 16 ans, avec quinze de ses compagnons de résistance.

Avant d'être exécuté, il écrivit une lettre à ses parents, dont voici quelques mots :

« Les soldats viennent me chercher. Je hâte le pas. Mon écriture est peut-être tremblée ; mais c'est parce que j'ai un petit crayon. Je n'ai pas peur de la mort ; j'ai la conscience tellement tranquille. »

Cette conscience tranquille, c'est celle de ceux qui font le choix certes périlleux de la résistance à l'oppression, mais qui refusent de rester silencieux et aveugles face à l'inacceptable.

Enfin, ce chemin c'est aussi celui de Christophe Dettinger, ce boxeur, Gilet jaune, issu d'une famille de voyageurs qui, comme beaucoup de gens de chez nous, s'engagèrent pour la première fois dans une telle mobilisation.

Le 5 janvier 2019, lors d'un des premiers samedis de mobilisation de cet incroyable mouvement populaire, il s'avança sur la passerelle Léopold-Senghor, face au déchaînement de violence des casques bleus de la gendarmerie mobile, face à ces « gens » qui ont « une machine à la place du cœur » pour reprendre les mots de Chaplin, lui aussi d'origine rom, dans son film *Le Dictateur*.

Et bien face à ces gens frappés sans distinction, notamment une femme à terre, il décida, enragé par cette scène pleine d'injustice, armé de ses poings, de faire reculer ces machines dépourvues de conscience, uniquement bonnes à taper.

Ce jour-là, il fit honneur à un peuple tout entier, et il s'inscrit dans l'histoire de ceux qui font le choix d'être toujours debout et jamais à genoux, comme le formulait le vaillant Raymond Gurême.

Cette histoire, c'est celle de ceux qui font tomber la tête des colons, des oppresseurs de tout genre, des petits chefs, des suprémacistes, des dominants, des monarques ; bref, de ceux qui prennent un plaisir fou à écraser leur semblable.

Oui, ces gens-là, nous les avons fait tomber par le passé et nous faisons le serment de continuer à le faire tant qu'il le faudra.

Un jour, ils se retrouveront à la place que j'occupe aujourd'hui dans ce tribunal.

Vous savez, chaque fois que des flics m'arrêtent en manifestation, notamment lorsque j'ai un commissaire de police en face de moi, je ne manque jamais de leur dire, « la roue tourne, un jour vous serez jugés ».

Alors, ça prendra sûrement du temps ; mais vous voyez l'autre jour, j'ai eu le sourire aux lèvres en apprenant la mise en examen du commissaire de la Brav-M, Alexandre Sel, ce petit exécutant zélé du pouvoir qui a, lors des mobilisations contre la loi sécurité globale, ordonné des charges entraînant des blessures graves, et notamment la blessure d'un journaliste présent pour couvrir la mobilisation.

Je ne suis pas dupe et je n'attends pas grand-chose de cette procédure – ce mec est d'ailleurs encore sur le terrain –, mais par contre je suis convaincu d'une chose, c'est que « le temps est l'ami du juste ».

***

Oui, nous irons au bout de ce chemin non sans entraves qui nous conduira à la commune écologique et sociale, à savoir un modèle d'organisation politique s'enracinant dans la Commune insurrectionnelle de 1792 et la Commune de Paris de 1871, avec comme cap nos communes envies, notamment le bonheur commun !

IV. LES DIFFÉRENTS TEXTES DE SOUTIEN

Dans cette partie, je vous propose la lecture de 16 textes de soutien qui ont soit été écrits pour faire preuve de témoignage en prévision du procès initial, le 9 août 2024, ou bien ont été rédigés après l'annonce du report de ce dernier.

La majorité de ces textes sont écrits par des universitaires, notamment des historiennes et historiens, mais pas seulement. Il s'agit de Barbara Stiegler, de Ludivine Bantigny, de Sophie Wahnich, d'Étienne Balibar, de Samuel Hayat, de Pierre Serna, de Yannick Bosc, de Michèle Riot-Sarcey et de Déborah Cohen.

Ces textes-là visent à éclairer la décision du tribunal par un ensemble de témoignages qui démontrent, de manière étayée et avec une méthodologie scientifique, que mes propos n'ont rien à voir avec des faits de menace de mort, mais qu'au contraire ils s'apparentent bien à un rappel historique et à l'expression d'une opinion politique dans le cadre de l'exercice de mes libertés les plus fondamentales.

Parmi les autres textes, il y a ceux de mes camarades David Libeskind et Merlin Gautier, qui étaient à mes côtés le 24 février 2024 au Salon de l'agriculture, et qui reviennent sur cette journée plus que mouvementée en tirant un bilan critique sur l'affaire judiciaire assez ubuesque à laquelle elle a donné lieu.

Il y a également des textes de camarades qui n'étaient pas présents ce jour-là, mais avec qui je partage de nombreux combats : celui du fervent Gilet jaune, Fabrice Balossini, celui du penseur et militant écologiste Patrick Farbiaz, et celui du penseur et militant libertaire Freddy Gomez, celui du fondateur du média indépendant *Au Poste*, David Dufresne, qui me fait l'honneur de me laisser animer l'émission *La Barricade* dans son média.

Enfin, il y a le témoignage de mon ami et camarade, Christophe Dettinger, un boxeur yéniche qui a revêtu le gilet jaune dès le 17 novembre 2018, un homme courageux qui a levé la garde, car convaincu que la seule chose qui vaille c'est de défendre les plus faibles. Christophe est désormais l'un des héros des luttes populaires, il en paye le prix fort en étant particulièrement pris pour cible par le pouvoir. Il a donc une fine connaissance du juste et de l'injuste. Au vu de ma stratégie de défense, à savoir le fait de détourner ce procès-bâillon en une véritable tribune politique pour faire le procès de Macron et de ses vils agissements, le témoignage de Christophe est indispensable.

1. Barbara Stiegler, professeure des universités en philosophie politique, université Bordeaux Montaigne

Je connais Ritchy Thibault depuis plusieurs années et je soutiens son engagement contre les dérives autoritaires du pouvoir en place. Connaissant les modalités de lutte qui sont les siennes et qui ne reposent jamais sur la violence, j'ai appris avec beaucoup d'étonnement qu'il était visé par une plainte pour menace de mort. En prenant connaissance de la plainte, j'ai pu mesurer la mauvaise foi de la partie plaignante. Dans la déclaration incriminée, Ritchy Thibault n'appelle personne à assassiner le président de la République, pas plus qu'il ne menace de l'assassiner lui-même. Il constate simplement que les provocations d'Emmanuel Macron sont dangereuses, car elles suscitent de la violence contre la fonction présidentielle.

En jouant avec l'imaginaire révolutionnaire (déclaration sur la France qui aurait besoin d'un roi, exercice « jupitérien » du pouvoir, banquet fastueux donné à Versailles, etc.), Emmanuel Macron multiplie les provocations à l'encontre du peuple français et de son histoire, effectivement marquée par le régicide et la fin de la monarchie. En jouant ainsi avec le feu, il ne faut pas ensuite s'étonner qu'on lui rappelle, comme le fait Ritchy Thibault dans sa déclaration publique, la violence révolutionnaire à laquelle il s'expose.

Loin de s'assimiler à une quelconque menace de mort, cette déclaration contribue légitimement, en critiquant l'action présidentielle et en soulignant les risques d'embrasement qu'elle fait courir à notre pays, à animer le débat public. À ce titre, elle s'inscrit de plein droit dans l'exercice de la liberté d'expression garantie, par notre République, à chaque citoyen, y compris lorsqu'il s'adresse au premier personnage de l'État.

Fait à Bordeaux le 1er août 2024

2. Ludivine Bantigny, historienne, chercheuse à l'université de Rouen

À Madame ou à Monsieur le Président de la 28e chambre correctionnelle tribunal judiciaire de Paris

C'est en tant qu'historienne, mais aussi citoyenne éprise de démocratie, que je livre ce témoignage.

Sur la forme comme sur le fond, il apparaît évident que Ritchy Thibault n'a avancé, dans la formule pour laquelle il est poursuivi, que des éléments factuels, historiquement objectifs.

Nous sommes bien au « pays de la Révolution française ». Et ce pays a fait tomber la tête de monarques.

D'abord évidemment au sens propre, et la cérémonie d'ouverture des Jeux olympiques le 26 juillet dernier nous l'a bien rappelé, en présentant notamment la tête d'une Marie-Antoinette décapitée.

Et au sens figuré, puisque deux révolutions populaires ont successivement renversé Charles X en juillet 1830 puis Louis-Philippe Ier en février 1848.

Les expressions « faire tomber des têtes » ou « des têtes vont tomber » sont référées au sens figuré, dont le sens est très exactement : « destituer des personnes de leurs fonctions ».

Il n'est qu'à consulter le Wiktionnaire pour observer que seul y figure le sens figuré de la locution verbale.

De surcroît, la monarchie ayant été définitivement abolie le 24 février 1848, il n'y a plus en France de monarque.

Emmanuel Macron, pas plus qu'aucun autre président de la République, n'est un monarque, tout chef d'État soit-il.

Aucune menace directe ne le vise par là même dans la phrase incriminée.

Il s'agit là d'une invective politique, dont l'histoire est longue : un classique en quelque sorte, dont la vivacité témoigne aussi de la démocratie.

Une invective bien moins virulente que toutes les apostrophes d'un Victor Hugo adressées à Napoléon III dit « Napoléon le Petit », plutôt qu'« adressées », je dirais même, en reprenant les mots d'Hugo, « jetées à la tête » : « filou », « bouffon », « avorton », « criminel », « naboléon ». En 1853, l'écrivain expliquait à son éditeur Jules Hetzel : « Comme Jésus, je frappe de toutes mes forces. Nap.-le-Petit est violent. Ce livre-ci sera violent. »

Le propos de Ritchy Thibault est factuel, objectif et non insultant. Infiniment moins virulent que les injures lancées par des hommes politiques en personne au plus haut niveau de responsabilités, ou que leurs souhaits violents, ou que leurs menaces brutales.

Ainsi d'un Churchill se tournant vers de Gaulle : « Général, si vous m'obstaclerez (*sic*), je vous liquiderai ! » Ainsi de De Gaulle lui-même, affirmant que les Français « sont des veaux. Ils sont bons pour le massacre. Ils n'ont que ce qu'ils méritent ». Et plus près de nous dans le temps, le « grande gueule et petites couilles » de Nicolas Sarkozy à l'adresse de Dominique de Villepin ; le « fils de pute ! » du candidat à la Mairie de Paris Benjamin Griveaux à un adversaire briguant lui aussi la mairie ; les bras d'honneur du garde des Sceaux en pleine Assemblée nationale ; le doigt d'honneur d'Éric Zemmour à l'encontre d'une passante, avec cette précision : « Et bien profond ! » ; le « ferme ta gueule » adressé par le président du Sénat Gérard Larcher à l'endroit de Jean-Luc Mélenchon.

Ritchy Thibault n'a insulté personne et sa place n'est pas au tribunal. On ne comprend donc pas la réaction de la présidence de la République avec ce dépôt de plainte.

Lorsque l'un des prédécesseurs d'Emmanuel Macron était traité de « connard » au Salon de l'agriculture, il répondait « Enchanté, moi c'est Chirac ». Et c'était de bon ton. Bien davantage que le « Cass'toi pov'con » d'un autre chef de l'État, lors de ce même Salon de l'agriculture, lieu décidément propice à l'invective en politique – en l'occurrence, Nicolas Sarkozy y usait d'une insulte, lui.

D'ailleurs, Victor Hugo lui-même proposait de répondre par l'humour :

« Quoi, frère, tu frémis parce qu'on te déchire ! Tu ne connais donc pas la force du sourire ! »

Cela peut sembler paradoxal, il est vrai, qu'Hugo ait consacré un tel poème à l'homme politique en général, poème intitulé « Se laisser calomnier » (1851). Il n'empêche : c'est là de bonne méthode et pleine de dignité.

En tout cas, lorsque l'on considère avec attention les propos de Ritchy Thibault et son interpellation, on s'aperçoit qu'il n'y a pas là de calomnie.

Pas même dans le terme « éborgneur ». On sait que la Société française d'ophtalmologie a adressé au chef de l'État un courrier, en 2018, s'alarmant des graves blessures oculaires provoquées par l'utilisation du lanceur de balles de défense.

Ces munitions ont été utilisées massivement au cours de ces dernières années, singulièrement pendant le mouvement des Gilets jaunes. Trente-cinq ophtalmologues avaient à leur tour écrit à Emmanuel Macron en mars 2019 pour l'alerter, avec inquiétude et désarroi, des ravages des blessures oculaires engendrées par les tirs de LBD. « Une telle "épidémie" de blessures oculaires gravissimes ne s'est jamais rencontrée », indiquaient ces médecins. Comme l'ont également relevé de nombreuses et nombreux journalistes, à l'instar d'Ismaël Halissat, de Willy Le Devin et de Chloé Pilorget (en l'occurrence dans *Libération* le 23 décembre 2020), « la liste des mutilations provoquées par leur usage est accablante pour l'État ».

Ainsi, rien qu'en 2018-2019, une quarantaine de graves blessures oculaires ont pu être recensées. « Dans pratiquement tous les cas, la vision d'un œil est perdue. La pire blessure est l'éclatement du globe oculaire, qui peut même faire éclater l'orbite. Il n'y a pas d'autre choix que d'énucléer l'œil », estime Alain Gaudric, professeur émérite et ancien chef du service ophtalmologie à l'hôpital parisien Lariboisière.

Ces mutilations des yeux se sont parfois accompagnées d'importantes lésions cérébrales lors d'atteintes au visage.

Par-delà ces blessures, beaucoup de citoyennes et citoyens se sont sentis insultés par différents mots blessants employés par le président de la République : « Le kwassa-kwassa pêche peu, il amène du Comorien, c'est différent », à propos d'une situation pourtant catastrophique du point de vue humanitaire ; les propos sur les ouvrières « pour beaucoup illettrées » ; l'altercation avec des grévistes à Lunel (« vous n'allez pas me faire peur avec votre tee-shirt ; la meilleure façon de se payer un costard, c'est de travailler ») ; les paroles proférées sur les « gens qui ne sont rien » ; la déclaration, à Athènes, contre les « fainéants » ; le dénigrement contre « Jojo avec un gilet jaune » ; l'affirmation selon laquelle il suffit de « traverser la rue » pour trouver un emploi ; ou bien, dans une autre mesure, son souhait exprimé comme tel d'« emmerder les non-vaccinés ». Mais aussi par ses réformes et passages en force pour les faire appliquer. « Lors du discours d'Emmanuel Macron, je me suis senti insulté », confiait un manifestant au journal *L'Indépendant*, le 23 mars 2023 : un exemple parmi combien de millions d'autres ? Tout comme tant et tant s'étaient eux aussi sentis, bien légitimement, humiliés lorsqu'un autre locataire de l'Élysée avait employé l'expression condescendante de « sans-dents ».

Tout énoncé est dialogique, relèvent les sémiologues et, en matière d'invective politique, les politologues.

L'interpellation de Ritchy Thibault ne peut que se comprendre en ce sens.

Fait pour valoir ce que de droit, à Agen, le 8 août 2024

3. Fabrice Balossini, auteur et Gilet Jaune

Ritchy Thibault né des Gilets jaunes.

Si la république ne reconnaît pas de roi, mais seule la souveraineté du peuple, il nous faut reconnaître dans la présidence le reliquat de la royauté. L'élection au suffrage universel ne protège pas la population d'un usage monarchique du pouvoir par celui qui prétend représenter le peuple. Il n'est pas de compatibilité possible entre la concentration personnelle du pouvoir et la république : l'intérêt général ne peut dépendre du bon vouloir d'un maître. Aussi, le président de la République incarne le point culminant de la hiérarchie sociale, mais la démocratie qui est le pouvoir du peuple contient dans son principe l'abolition des hiérarchies entre les hommes et la reconnaissance de leur égale dignité. Le président de la République Emmanuel Macron n'est pas grand parce qu'il représente le peuple, mais parce qu'il incarne en réalité le point le plus élevé d'une société de caste, en cela il est un usurpateur. En rappelant au chef de l'État non seulement l'histoire, mais le sens même des principes démocratiques, Ritchy Thibault se confronte à la perversion et l'abus de ceux qui détournent ces principes démocratiques. Emmanuel Macron est pire qu'un roi, car il prétend tirer sa légitimité du peuple alors qu'il en est l'ennemi. Il ne représente pas le peuple et ses intérêts mais une oligarchie. Il n'est pas le champion de la démocratie, mais il en est le parasite. Il est en réalité le parangon d'une ploutocratie. Et si tel n'était pas le cas, il ne pourrait que respecter l'histoire de France et l'honneur de la France dans sa construction démocratique, celle qui revient à la grande Révolution. En tant que Gilet jaune et observateur, j'ai vu durant cinq années comment le gouvernement d'Emmanuel Macron incarnait non seulement la détestation du peuple, mais celle de l'histoire de la France révolutionnaire. Or Ritchy Thibault est né politiquement des Gilets jaunes, et il coule dans les veines des Français le sang d'un peuple régicide. Le chef de l'État attaque Ritchy Thibault précisément parce qu'il est un monarque, mais au nom de la France il devrait lui rendre justice.

Lors de la quatrième année de manifestations des Gilets jaunes, le 14 juillet 2022, jour de la fête nationale, face à la volonté absolue du pouvoir de détruire et d'humilier les Gilets jaunes, j'ai écrit ceci :

14 juillet 2022, morte France

Est-ce la dernière manifestation significative des Gilets jaunes ? Jamel Bouabane, qui a déclaré la manifestation, dit à David Libeskind : « On s'est battus jusqu'au bout. » Le lendemain, il fait savoir son intention de prendre du recul avec le mouvement, prendre le temps de s'occuper davantage de sa famille. Je me dis qu'il serait triste que le dessaisissement du préfet Lallemand coïncide avec l'écrasement des Gilets jaunes. Ce serait « mission accomplie », pour « l'autre camp ». Pierre, un irréductible Gilet jaune qui pousse son propre fauteuil roulant dans les manifestations depuis bientôt quatre ans, est énervé : « La préfecture a pris un arrêté le 13 juillet pour imposer une manifestation statique, du coup, beaucoup de gens ne sont pas venus. »

En début de manifestation, David Libeskind semble enjoué : « On va entonner des chants révolutionnaires ! » Les Gilets jaunes retranchés sur les marches de l'Opéra et le trottoir en face sont joyeux et chantent « On est là ». Les bourgeois qui font la queue un peu plus loin pour assister à un spectacle se montrent importunés. Un responsable de l'Opéra Bastille téléphone à la police. Puis arrive un cortège de Marianne l'air funèbre, elles portent un cercueil sur lequel est inscrit le mot « liberté », lourd présage. Bien vite, les forces de police deux fois plus nombreuses que les manifestants encerclent le joyeux groupe. Le temps est alors interminable. Dès que j'ai vu la nasse s'installer, je me suis faufilé entre deux policiers pour m'extirper de cet emprisonnement à ciel ouvert. Mon apparence de quinquagénaire plutôt bien habillé m'a souvent été utile face à la police. « Les gueux » qui portent sur leur visage les stigmates de la vie ont rarement cette chance. Dès lors, la manifestation se déroulait pour moi en dehors du cordon de policiers ; tant bien que mal, j'essayais de produire quelques images. Un des policiers s'est mis à me parler, il avait un air débonnaire, plutôt sympathique et cependant totalement insensible à l'humiliation que subissaient les manifestants. J'ai retenu deux choses de cette conversation : la première, ce fut le frémissement du policier lorsque j'ai évoqué l'origine souvent populaire des policiers. Cette évocation suffisait à soulever le spectre d'une population qui se combat elle-même. Les smicards en bleu de la police frappent les smicards en jaune, dit-on. J'interprétai ce sursaut du policier comme une réaction à la possibilité soudaine et désagréable de s'identifier aux manifestants. La seconde chose que j'ai retenue, c'est une question que m'a posée ce policier pour savoir si je m'étais rendu au défilé militaire du matin. Pour ce fonctionnaire de l'État, il ne faisait aucun doute que l'événement de la journée consistait dans ce défilé et celui du chef de l'État le long des Champs-Élysées. Comment contredire cet homme puisque la télévision ne dit rien d'autre ?

Alors je sais que la vie est complexe et absurde ; que pour certains signes ou symboles on envoie de pauvres gens à la guerre, que ces mêmes symboles peuvent être piétinés par les mêmes qui les encensent. Je sais qu'intituler ce chapitre « morte France » est excessif, que tout est le contraire de tout et que la France vivra, mais j'ai seulement voulu rappeler à ce policier que le 14 Juillet n'était pas la fête de l'armée, ni celle de l'industrie de l'armement, ni celle du Medef, de la monarchie ou d'Emmanuel Macron, non le 14 Juillet, fête nationale, célèbre le jour de la prise de la Bastille de 1789, la fin voulue des privilèges et l'émergence du peuple comme maître de son histoire.

Non, la France n'est pas morte ce jour-là : elle était nassée par les policiers, place de la Bastille.

4. Patrick Farbiaz, auteur écologiste

« Macron, fumier, on va te composter » : un exemple de désobéissance langagière écologique.

Les derniers jours de l'élection présidentielle américaine ont vu un embrasement ponctué d'insultes. Parmi elles, celle d'un humoriste trumpiste a frappé les esprits : celle d'accuser les Portoricains d'être des déchets. Quelques jours plus tard, Trump se drape en éboueur pour répondre à Joe Biden d'avoir traité ses partisans d'ordures. Les métaphores écologiques sont donc en passe de devenir des expressions universelles en matière de lutte politique.

Le ministre de la Justice, Éric Dupond-Moretti, en 2020, préfaça le livre de Willy Schraen, président de la Fédération nationale des chasseurs : « Ce livre, les ayatollahs de l'écologie s'en serviront pour allumer le barbecue où ils cuiront leurs steaks de soja », écrivait le garde des Sceaux. Pour lui, cette frange-là des défenseurs de la cause animale est constituée d'« intégristes » au « dogmatisme aveugle » et d'« illuminés ».

Cette expression d'« ayatollahs de l'écologie », mais aussi d'autres comme « khmers verts », a un potentiel polémique très efficace : elles associent dans un même mouvement disqualifiant une idéologie contraignante (l'écologie) et des figures qui renvoient à des régimes criminels.

Rappeler ces épisodes est important parce qu'ils montrent que les gens de pouvoir, eux, n'hésitent jamais à utiliser le langage comme une arme contre leurs adversaires pour les stigmatiser, mais dans le même temps les empêchent de se défendre. Cette guerre culturelle, Macron et ses séides n'ont jamais cessé de la faire depuis 2017 à toutes celles et ceux qui s'opposent à leur politique.

C'est pourquoi il est pertinent de riposter par des élaborations linguistiques comme celle de « Macron, fumier, on va te composter ». Ce slogan est une manière légitime de contester un président qui a lui-même transformé les écologistes en « amish » ou les pauvres en gens qui « ne sont rien ». Nous démontrerons que cette expression n'est ni plus ni moins violente que celle de décapitation mise en cause dans l'affaire Ritchy Thibault en nous attachant à définir chacun des termes du slogan.

Examinons le compostage d'un point de vue écologique: Depuis le 1er janvier 2024, les particuliers doivent pouvoir trier leurs déchets organiques (épluchures de fruits et légumes, résidus du jardin, marcs de café et filtres usagés, coquilles d'œufs…) en utilisant le compostage. Cette méthode est donc légale.

D'autre part, le compostage humain a été proposé par une députée de la macronie, soucieuse d'expérimenter une alternative écologique aux pratiques traditionnelles.

La vice-présidente MoDem de l'Assemblée, Élodie Jacquier-Laforge, a en effet déposé une proposition de loi d'expérimentation visant à développer l'humusation (parue au JO du 31 janvier 2023) pour légaliser cette méthode interdite en France pour expérimenter les « funérailles vertes », afin, dit-elle, d'appeler à une « réflexion nationale » sur le sujet.

Autorisé cependant dans six États américains, qui sont souvent considérés comme des modèles pour

Emmanuel Macron, le « compostage humain » – aussi appelé « humusation » – consiste à accélérer la décomposition du corps du défunt.

Celui-ci est alors placé dans un linceul biodégradable, une boîte en acier inoxydable ou une boîte en bois, avec des matières organiques – copeaux de bois, herbe, paille… Les os sont broyés. Après une période de plus d'un mois, la matière est restituée aux proches.

Ce processus est donc réellement écologique. Toutefois, à ce stade, une question sérieuse se pose.

Emmanuel Macron est-il du fumier ? Au premier abord, la définition stricte ne correspond pas totalement au sujet considéré. Mais deux définitions du fumier émergent des dictionnaires : La première au sens scientifique du terme correspond au « mélange plus ou moins fermenté de litières et de déjections animales, utilisé comme engrais organique ».

Dans le même Salon de l'agriculture où Ritchy fut interpellé pour avoir dénoncé Macron, GRDF et son agence Rosa Paris ont choisi de détourner des insultes courantes à travers des affiches. « Fumier » ou « ordure » ne sont alors plus des insultes qui pourraient être entendues au détour d'un stand mais la matière nécessaire à fabriquer une énergie dite écologique, le « gaz vert », ce qui est du greenwashing assumé. L'autre définition plus familière et peut-être plus adaptée au slogan controversé indique que le fumier est une « personne vile, méprisable ; une ordure, un salaud ». Dans ce cas, on dit par exemple « hardi comme un coq sur son fumier » ce qui signifie « sûr de soi parce qu'on est chez soi » ou « personne qui ne mérite que du mépris ». Cette expression revient dans la littérature contemporaine : « On en est à se traiter de cafard, de saloperie volante, de con bénit, de fils de vache, de bâtard, de fumier de lapin et de républicain de mes fesses » écrit, en 1933, l'écrivain Marcel Aymé dans *La Jument verte*.

Le compostage de Macron, qui a fait qualifier les écologistes par son ministre de l'Intérieur « d'écoterroristes », une qualification beaucoup plus anxiogène que « fumier », est donc plutôt adapté au personnage de Macron tel qu'il se dégage dans les faits qui lui sont reprochés. Le compost est une méthode biologique de tri des déchets incontestable, et nul ne peut le contester. Or on peut se demander si Macron n'est pas lui aussi un déchet de la République. Celui-ci a tellement fait reculer l'écologie que beaucoup aujourd'hui considèrent que le caractériser comme du « fumier » est plutôt un euphémisme.

Le budget du gouvernement en cet automne 2024 en témoigne : sur l'objectif de 60 milliards d'économies visé par le gouvernement, 3 milliards de coupes se feront ainsi sur le terrain de l'écologie.

L'artificialisation des sols et les pesticides reviennent en force. Les militants écologistes sont pourchassés dans les mégabassines ou sur le chantier de l'A 69.

Le compostage est peut-être trop « écolo » et moins radical que la décapitation. La question est ouverte. En fin de compte, l'insulte est d'abord une transgression face aux codes et au langage dominants.

Comme le dit Pierre Bourdieu, « l'insulte appartient à la classe des actes d'institution ou de destitution plus ou moins fondés socialement, par lesquels un individu, agissant en son propre nom ou au nom d'un groupe plus ou moins important numériquement et socialement, signifie à quelqu'un qu'il a telle ou telle propriété, lui signifiant du même coup d'avoir à se comporter en conformité avec l'essence sociale qui lui est ainsi assignée ».

Dans le cas qui nous occupe, celui du compostage du fumier, cette formule ne comporte pas d'éléments insultants d'un point de vue sémantique, mais peut être considérée par celui qui est visé, en l'occurrence le président de la République, comme insultante.

Dans ce cas-là, ceux qu'il accusait d'être des khmers verts ou des amish ont simplement démontré qu'ils et elles sont des femmes et des hommes debout, qui répondent légitimement à ceux qui ne se sont pas contentés de simples mots, mais ont blessé, mutilé, gazé, comme à Sainte-Soline, des corps.

La violence, qu'elle soit sémantique ou policière, est d'abord du côté du pouvoir, du côté des dominants. La polémique, la controverse, le pamphlet, la satire, le libelle sont les armes de la critique, les armes des faibles face aux puissants.

Mettre en langage la contestation, c'est construire de nouveaux termes, donc de nouveaux concepts, La désobéissance langagière consiste à nommer le problème à résoudre, à identifier les causes pour blâmer un coupable et, enfin, à réclamer des changements à travers un ensemble de revendications et d'actions. C'est ce que font les écologistes, c'est ce qu'a fait Ritchy.

Défendre ce droit à la désobéissance langagière, du compostage du fumier à la décapitation est le premier devoir du résistant. Car les mots sont importants, les mots sont des forces politiques. La bataille des mots est indissociable de la bataille des idées.

5. Sophie Wahnich, historienne

1. Les énoncés « couper la tête au monarque » et « nous sommes dans le pays de la Révolution française, le pays qui fait tomber la tête des monarques » constituent un leitmotiv de l'opinion publique populaire.

Ils fonctionnent comme une ironisation de la référence historique et conduisent depuis longtemps à interroger le statut du président de la Ve République comme une figure de « quasi-roi » dans un pays pourtant réputé savoir se passer de roi depuis la Révolution française. Il n'y a pas d'identité entre un président élu au suffrage universel et un monarque, qu'il soit héréditaire ou non, constitutionnel ou non, sur le plan institutionnel.

Mais les pouvoirs conférés au président sous la Ve République sont souvent nommés comme pouvoirs « régaliens ». Il n'empêche que chacun sait que le président n'est pas un roi et qu'à ce titre comparer le président au monarque est toujours un énoncé ironique qui relève d'une expression d'opinion critique. À ce titre, l'adresse au président Emmanuel Macron n'a rien de spécifique, mais elle témoigne d'un désir de ne plus rester dans ce que l'anthropologue James Scott appelle le « texte caché ».

Ce « texte caché » est celui que les dominés se disent entre eux pour se dire aux uns et aux autres qu'ils ne sont ni dupes ni idiots, mais qu'ils n'ont pas le rapport de force favorable pour pouvoir affronter les dominants.

L'histoire de la Révolution française sert très souvent dans l'histoire de point de vue critique et joue le rôle alors d'un texte en partie dévoilé comme

« art de la résistance », selon la belle expression également de James Scott. *(Domination and the arts of resistance: Hidden Transcripts, 1990)* en français, éditions Amsterdam, 2009.)

2. Le sentiment d'être privé de la liberté de parole et de jugement, de la liberté de vivre dignement conduit en France d'une manière récurrente à une volonté de résistance qui s'exprime en réinvestissant l'imaginaire de la Révolution française (voir Sophie Wahnich, dir., *Histoire d'un trésor perdu, transmettre la Révolution française,* Les Prairies ordinaires, 2013). Cet imaginaire est effectivement celui où il est non seulement possible de se passer de roi, mais où un roi et une reine ont été mis à mort pour avoir trahi le peuple qu'ils devaient protéger.

3. En rappelant ce monument de l'histoire française du côté populaire, on réaffirme son désir non seulement d'être en démocratie ; mais son appartenance à un peuple souverain qui sait avoir le dernier mot. Il s'agit donc d'une affirmation de souveraineté populaire.

Du côté de ceux qui refusent la démocratie, on fabrique un effroi rétrospectif qui conduit soit à renoncer à opprimer, soit à dénoncer cette même souveraineté populaire. Arlette Farge, dans son livre sur l'opinion publique au XVIIIe siècle, avait montré qu'en amont de la Révolution française, l'opinion publique populaire était née de la possibilité d'affirmer « et qui donc m'empêcherait d'aller tuer le roi ? » quand l'excès de malheur rendait inopérante la crainte d'une justice spectacle qui bâillonnait cet espace public non encore démocratique.

4. Hormis l'énoncé cité dans cette incrimination, rappelons comment cet imaginaire est apparu : l'image de Marie-Antoinette tenant sa tête coupée qui chante le « Ça ira » à la cérémonie d'ouverture des Jeux olympiques de 2024, image au demeurant ambivalente.

L'épisode des Gilets jaunes où le président a maintes fois été comparé au monarque, jugé et exécuté en effigie afin de faire savoir l'opinion d'un peuple qui ne supporte plus de ne pas prendre part aux décisions qui engagent sa vie, voire sa survie alors que la France est réputée être un pays démocratique où le pouvoir appartient au peuple et doit s'exercer en faveur du peuple. (Sophie Wahnich, *The Critical Dynamics of France & "Yellow Vests" Movement*, novembre 2018, automne 2019, *Theory and Event*, John Hopkyns University Press, 2020.)

D'une manière plus récurrente encore, le dîner de la tête de veau du 21 janvier, qui fête l'exécution du roi dans les milieux républicains depuis les débuts du XIXe siècle jusqu'à aujourd'hui.

Les images britanniques contre-révolutionnaires depuis la Révolution française elle-même, etc.

Évoquer la mort du roi est donc toujours une manière de témoigner d'un savoir historique en prenant position dans l'histoire présente pour ou contre la démocratie ou son approfondissement.

Emmanuel Macron, en 2015, alors qu'il n'était pas encore président, avait affirmé dans *Le 1 hebdo* que les Français « n'avaient pas voulu la mort du roi et qu'ils aspiraient à voir à nouveau cette place occupée ». Or cette place vide, selon le grand philosophe de la démocratie Claude Lefort, est ce qui caractérise la démocratie.

De fait, en affirmant la nécessité d'occuper cette place, il appelait à en finir avec une certaine conception de la démocratie en tant qu'elle est un régime qui s'oppose depuis la Grèce ancienne à la fois à la monarchie et à l'aristocratie.

6. David Libeskind, avocat au Barreau de Paris, médiateur judiciaire auprès de la cour d'Appel de Paris, chercheur associé auprès du Centre d'études et de recherche en droit de l'immatériel de l'université de droit Paris-Saclay

Pour la première fois de ma vie, je suis cité comme témoin à un procès. Cet événement, je ne l'aurais jamais imaginé. Les tribunaux ne me sont pourtant pas étrangers. Je suis avocat au Barreau de Paris depuis 15 ans, donc coutumier des tribunaux. Un témoignage doit être objectif. Il le sera.

En dehors de mes activités d'avocat, je suis également journaliste occasionnel pour le média web Quartier général (QG) depuis plus de 5 ans. J'ai ainsi pu animer une cinquantaine d'émissions et j'ai publié un ouvrage en 2020 : un portrait de l'ancien préfet de police, Didier Lallement.

Le Salon de l'agriculture est un événement populaire et important chaque année qui rassemble des milliers de visiteurs. Accrédité par le service presse du Salon, j'ai donc décidé de m'y rendre et d'accompagner Ritchy Thibault, un jeune de 20 ans, étudiant en histoire. Nous étions plusieurs journalistes à l'accompagner. Enzo Rabouy, jeune journaliste indépendant, connu pour filmer les mouvements sociaux, était également présent.

Nous avons donc déambulé dans le salon pour rencontrer nos agriculteurs français. De nombreux policiers en tenue arpentaient les allées. Il convient en effet de rappeler que ce 60e Salon de l'agriculture se tenait, cette année-là, dans un contexte très important de tensions entre le gouvernement et les agriculteurs, lesquels s'étaient fortement mobilisés pour l'événement. J'ai immédiatement constaté que nous étions suivis par des policiers en civil qui n'avaient de cesse de nous observer, sans véritablement se cacher.

Soyons toutefois objectifs. En réalité, celui qui faisait l'objet d'une observation récurrente était Ritchy Thibault. Mon texte n'a pas pour objet d'esquisser le portrait de Ritchy Thibault. Laissez-moi néanmoins dire quelques mots à son sujet : son activisme pour des causes sociales et écologistes est bien connu et médiatisé. Il est le porte-parole d'une organisation politique dénommée « Peps » (Parti pour une écologie populaire et sociale). Ses méthodes militantes, bien que non violentes, font l'objet d'une attention constante de la part des services de la préfecture de Police. Ritchy Thibault a le verbe haut et mobilisateur, des paroles toniques qui transpercent ses auditeurs. Ses mots font peur à certains.

Revenons à l'événement qui m'amène à témoigner. Lors de cette 60e édition du Salon de l'agriculture, compte tenu de l'impossibilité physique d'approcher le président de la République pour échanger avec lui – ce qu'il avait réussi à faire l'année précédente –, Ritchy Thibault est monté sur une sorte de rambarde pour crier à pleins poumons : « L'éborgneur, n'oublie jamais que nous sommes dans le pays de la Révolution française, le pays qui fait tomber la tête des monarques. »

Ce sont les seuls mots qui ont été prononcés. Tous les visiteurs autour de Ritchy Thibault se sont esclaffés. Aucun n'y a vu une quelconque « menace de mort » à l'encontre du président de la République. Une salve d'applaudissements des visiteurs a d'ailleurs suivi. Bien au contraire, l'interpellation violente de Ritchy Thibault par des policiers en civil a fait l'objet d'une réprobation de certains visiteurs.

Voilà, le témoignage que je souhaitais apporter.

7. Étienne Balibar, professeur de philosophie politique et morale (honoraire) UFR littératures, langages et philosophie

Sur le cas de M. Ritchy Thibault

Paris, le 7 août 2024

Je prends connaissance du cas de M. Ritchy Thibault, accusé de menace de mort contre le président de la République, M. Emmanuel Macron, pour avoir proféré le 24 février dernier, dans le cadre des manifestations qui accompagnaient la visite du président au Salon de l'agriculture et à l'intention de celui-ci la phrase : « L'éborgneur, n'oublie jamais que nous sommes dans le pays de la Révolution française, le pays qui fait tomber la tête des monarques ! »

M. Thibault est défendu devant la 28e chambre du tribunal judiciaire de Paris par Me Alexis Baudelin et Me Henri Braun.

Il me semble que l'accusation – dont la gravité ne saurait échapper et risque de coûter cher au prévenu – repose sur un raisonnement implicite dont la logique est douteuse et les présupposés contestables. On pourrait l'expliciter ainsi : accusé *personnellement* par le manifestant d'être un « éborgneur », donc un criminel, le président est *directement* menacé de subir à titre de vengeance ou de rétorsion le *même* châtiment que les révolutionnaires de 1792 ont infligé au « monarque », c'est-à-dire la mort, dont ce manifestant serait l'exécutant ou qu'il demanderait à la foule d'exécuter à son incitation. Il suffit, je pense, d'expliciter ce raisonnement pour voir ce qu'il a d'exagéré, voire de délirant, mais il convient d'en examiner les éléments point par point.

Premièrement, en ce qui concerne l'interpellation du président comme « éborgneur », il est clair que nous ne sommes pas dans le registre de l'insulte ou de l'outrage (« ordure », « salaud », « fasciste », etc.), mais dans celui de l'imputation. La référence n'est pas mystérieuse : elle est liée aux multiples cas de blessures graves occasionnées ces dernières années par l'utilisation par la police des « lanceurs de balles de défense » (LBD), classés comme des « armes sublétales », dans le cadre d'opérations de maintien de l'ordre, et notamment de répression de manifestations interdites. Cette utilisation répétée a été dénoncée par de nombreuses organisations de défense des droits de l'homme, y compris le Conseil des droits de l'Homme des Nations unies. Des bavures ont été reconnues par la police elle-même, qui ont donné lieu à des poursuites, et le président a entériné au moins une fois le terme de « violences policières » tout en critiquant ce qu'il considère comme son utilisation politique abusive. L'interpellation du président par le prévenu, provocatrice sans aucun doute, mais fondée sur une interprétation des faits et du fonctionnement des institutions, revient à lui en imputer la responsabilité en dernière instance et à lui demander de l'assumer en tant qu'ultime donneur d'ordre. Elle implique un jugement politique et moral sévère, peut-être abusif, mais aucune menace spécifique.

Deuxièmement, l'évocation de la place qu'occupe le régicide dans l'histoire et la tradition politique françaises doit elle-même s'analyser à plusieurs niveaux. C'est d'abord un rappel de la signification symbolique et de la valeur exemplaire (même si elle est contestée par une partie de l'opinion) que revêt l'abolition de la monarchie et l'exécution de ses derniers représentants durant la période révolutionnaire. L'État lui-même, à l'occasion, l'autorise et s'en prévaut (comme on vient de le voir par l'évocation de la décapitation de la reine Marie-Antoinette lors de la cérémonie d'ouverture des Jeux olympiques de Paris 2024). C'est ensuite une allusion peu voilée aux accusations qui sont régulièrement portées par ses adversaires politiques contre la présidence d'Emmanuel Macron d'avoir non seulement perpétué, mais aggravé, et en quelque sorte normalisé par son style de gouvernement, la « dérive monarchique » imputée dès l'origine aux institutions de la Ve République française. Il s'agit là d'une opinion politique discutable, et dont on comprend qu'elle répugne au président et à ceux qui défendent la légitimité de ses actions, mais largement partagée, et comme telle ne relevant ni de la menace ni de la sédition. « Faire tomber la tête des monarques » est l'expression symbolique qui, chez nous, exprime le refus républicain de tout gouvernement d'un seul homme, usant ou abusant de prérogatives constitutionnelles pour gouverner sans contrôle démocratique effectif.

En résumé, le sens de l'interpellation que nous examinons ici, prenant place dans le contexte des manifestations d'agriculteurs qui se sont déroulées en France de janvier à mars 2024, et particulièrement des échanges verbaux plutôt vifs marquant la visite du président de la République au Salon de l'agriculture où il avait été pris à partie par différents groupes d'exposants et de visiteurs, peut être raisonnablement interprété ainsi : Vous devez assumer la responsabilité des violences excessives que, suivant vos instructions ou celles de votre gouvernement, la police commet dans le cadre de ses missions de maintien de l'ordre ; ce sont des agissements criminels, même, et surtout, légalement couverts, révélateurs de votre tendance autoritaire, dont la sanction inévitable – par l'histoire et par le peuple – réactivera la trace symbolique du régicide fondateur de la République. Rien là-dedans, évidemment, qui puisse s'entendre comme : « à mort le président », « je veux vous tuer », « je vais vous tuer » ou « nous allons vous tuer ».

Une réflexion plus générale me semble s'imposer. L'espace public démocratique, dont le fondement constitutionnel est la liberté d'expression, même « outrancière », à condition qu'elle ne porte atteinte ni à l'intégrité ni à la réputation des personnes, n'est évidemment pas exempt de provocations, d'excès et même de violences, qui font partie des conditions de son existence. La civilité ne se confond pas avec la politesse. L'insulte même est une violence, surtout quand elle s'adresse à des personnes ou des collectivités désarmées, comme l'ont bien montré les travaux des philosophes de la « vulnérabilité ». Il importe évidemment que l'État, par l'intermédiaire de ses tribunaux, limite ces excès et réprime ces violences, tout en sauvegardant au maximum le principe de la liberté d'expression. Mais la situation change du tout au tout lorsque la « victime » d'une agression verbale est en fait le détenteur du pouvoir, qui dispose par rapport à son adversaire d'une force disproportionnée. Le risque est grand que la défense du droit se renverse en protection d'un privilège, voire en sacralisation des fonctions d'autorité et de la personne de leurs titulaires, auxquelles il serait interdit de s'en prendre, c'est-à-dire en rétablissement du crime de lèse-majesté. L'interpellation « violente » du chef de l'État par un individu (ou même plusieurs) dans le cadre d'une manifestation est une chose, l'appel à la rébellion ou à l'assassinat politique – pour ne rien dire de leur exécution – en est une autre. En résistant à la confusion des deux et en exerçant leur discernement pour faire en sorte que l'insolence ou la colère demeure un droit des citoyens, et que les pouvoirs établis ne fassent pas taire par la force ceux qui les contestent, même à tort, l'institution judiciaire s'acquittera du rôle fondamental qui lui revient en démocratie.

8. Samuel Hayat, chargé de recherche CNRS Sciences Po-Cevipof

Témoignage en faveur de M. Ritchy Thibault, à l'attention du tribunal judiciaire de Paris

Paris, le 6 août 2024,

Mesdames et Messieurs les Juges,

En tant qu'universitaire spécialisé dans l'étude des mouvements sociaux, je me permets de vous adresser ce témoignage en faveur de M. Ritchy Thibault. Il est reproché à ce dernier d'avoir, le 24 février 2024 à Paris, proféré une menace de mort ou d'atteinte aux biens dangereuse pour les personnes à l'encontre de M. Emmanuel Macron, président de la République, en tenant les propos suivants : « couper la tête au monarque » et « nous sommes dans le pays de la Révolution française, le pays qui fait tomber la tête des monarques ».

Je souhaite apporter un éclairage contextuel sur ces propos. Depuis le mouvement des Gilets jaunes, il est fréquent d'entendre des comparaisons entre M. Emmanuel Macron et un monarque, ainsi que des références explicites à la Révolution française. Ces métaphores, bien que vives, s'inscrivent dans un registre d'expression collective largement partagé au sein des mouvements sociaux contemporains en France.

Mon analyse de terrain et mes recherches démontrent que l'image de la guillotine et les appels à une symbolique révolutionnaire font désormais partie intégrante du répertoire d'action collective. Ils sont utilisés pour exprimer une opposition politique et un sentiment de rejet du pouvoir en place, sans pour autant que ces expressions soient nécessairement accompagnées d'une intention réelle de violence physique.

J'ai développé ce point dans un article intitulé « Manifesting the Revolutionary People : The Yellow Vest Movement and Popular Sovereignty », publié en janvier 2024 dans la revue académique américaine *Constellations* : *An International Journal of Critical and Democratic Theory*. Il est corroboré par d'autres études, notamment le billet de 2019 « La guillotine au milieu du rond-point » de l'historienne Nathalie Alzas sur le site Révolution française ; et l'article « Révolution française : un scénario inactuel pour les Gilets jaunes » publié par l'historienne Sophie Wahnich en 2020 dans *Condition humaine/*

Conditions politiques : revue internationale d'anthropologie du politique.

En l'espèce, poursuivre M. Ritchy Thibault pour l'utilisation de cette métaphore revient à lui imputer individuellement un phénomène collectif. Il s'agit de la réappropriation de symboles historiques dans un cadre de protestation, où l'usage de la rhétorique révolutionnaire vise davantage à marquer une dissidence qu'à inciter à des actes criminels.

Afin d'illustrer cette normalisation de la symbolique révolutionnaire dans les mouvements sociaux actuels, je joins à cette lettre une série de photographies montrant des Gilets jaunes arborant des représentations de guillotines, issue de mes recherches ainsi que du site Pleinledos, photographies reproduites dans mon article de *Constellations.* Ces images témoignent du fait que de telles références, bien que potentiellement choquantes, sont couramment employées et largement tolérées dans le discours protestataire.

En espérant que cet éclairage scientifique pourra contribuer à une meilleure compréhension des faits reprochés à M. Ritchy Thibault et à l'abandon des charges contre lui, je reste à votre disposition pour toute information complémentaire.

Je vous prie d'agréer, Mesdames et Messieurs les Juges, l'expression de ma considération distinguée.

9. Pierre Serna, professeur à l'université Paris I Panthéon-Sorbonne, membre de l'Institut universitaire de France et de l'Institut d'histoire de la Révolution française, fondé par Jean Zay en 1937

Objet : à propos de la partie de phrase : « N'oublie jamais que nous sommes dans le pays de la Révolution française, le pays qui fait tomber la tête des monarques ! »

Le samedi 24 février 2024, M Ritchy Thibault a prononcé cette partie de phrase pour que le président de la République puisse l'entendre : « N'oublie jamais que nous sommes dans le pays de la Révolution française, le pays qui fait tomber la tête des monarques ! »

N'étant point juriste, je me contenterai en tant qu'historien et professeur d'histoire de la Révolution française à l'Université Paris I Panthéon-Sorbonne, travaillant depuis 40 ans sur la Révolution française, de commenter cette phrase.

Elle affirme une vérité historique indéniable et qui est d'autant plus d'actualité que deux grands historiens, Jean-Clément Martin et Olivier Bétourné, ont publié, en 2021 et 2024, deux ouvrages traitant exactement de ce sujet. Le premier s'intitule *L'Exécution du roi. 21 janvier 1793*, et le second paru en août 2024 porte le titre *La Mort du roi, Louis XVI devant ses juges et face à l'histoire.* C'est dire si le sujet est d'actualité. La communauté des historiens espère que ces chers collègues n'auront pas maille à partir avec la justice pour avoir évoqué lors du quinquennat du président de la République cet épisode du 21 janvier 1793.

Cet acte, pour les députés conventionnels, est fondateur de la République, puisque, pour nombre d'entre eux qui l'ont écrit, l'exécution du roi était celle de la monarchie et dès lors, tout responsable républicain devait assumer cette exécution à la suite d'un procès comme un acte hautement républicain.

Dont acte, la Révolution française a fait tomber la tête du roi Louis XVI, et tout agent public, à quelque niveau qu'il se trouve de l'État, ne peut en aucune façon être comparé au personnel de la monarchie d'avant 1792.

Pour le rappel des faits, il est bon d'écrire que les Anglais ont été les premiers à exécuter un souverain Charles Ier, après un procès.

De même, la langue française – et les historiens sont obligés d'en tenir compte, tant l'historiographie est riche sur cet événement – est pleine de subtilités ;

et comme la personne a employé le pluriel et que l'histoire de France depuis 1793 a connu d'autres monarques, point exécutés mais renversés par des révolutions en 1830 et 1848 (Charles X et Louis-Philippe), il est aussi possible de comprendre le sens métaphorique de la phrase dans un pays où l'histoire de la caricature et des finesses rhétoriques fait aussi partie intégrante de la représentation des grands personnages; mais dans cette seconde argumentation, là encore il n'est point question de républicain ni de chef d'État républicain. Les rois ont été déposés, voilà tout.

Enfin, il est un troisième point qui concerne l'histoire de la Révolution française. L'histoire politique française a été marquée par la culture politique de l'homme fort, fût-il chef de l'État républicain, et les institutions de la Ve République, comme l'affirment les plus éminents spécialistes de droit constitutionnel, donnent des pouvoirs exceptionnels au président de la République qui se doit, malgré tout, d'être garant des institutions et ne saurait échapper aux impératifs de l'article 15, hélas le plus méconnu de la Déclaration des droits de l'homme et du citoyen, article recueilli sur le site de l'Élysée le 5 août 2024[1].

1. https://www.elysee.fr/la-presidence/la-declaration-des-droits-de-l homme-et-du-citoyen. Article 15.

« La société a le droit de demander compte à tout agent public de son administration. »

Ainsi, l'historien et professeur d'histoire de la Révolution française qui est, selon le code de l'Éducation nationale, également enseignant d'éducation civique ne peut qu'être étonné qu'un président de la République, garant aussi de l'histoire républicaine de la France, puisse se sentir bafoué par cette phrase qui ne le concerne en strictement rien du tout… à moins qu'il ne se prenne pour un monarque et, dans ce cas, procède à un crime de lèse-nation et devrait être inculpé pour haute trahison envers la patrie confondant sa présidence avec une position de monarque.

Ce serait donc dans ce cas et dans le cadre d'un cours d'éducation civique et citoyenne qu'il faudrait lire cet événement proche, qui en dit long sur la confusion entre République et monarchie de la part du ministère public ; ce qui ne peut que consterner celui qui modestement depuis 40 ans tente de construire un discours rigoureux et scientifique pour bien distinguer les pouvoirs arbitraires d'un monarque des pouvoirs strictement démocratiques et républicains du président de la République française, surtout en 2024.

Voilà les trois remarques que m'inspire cette phrase prononcée par un citoyen pour rappeler un fait historique au président de la République.

Pour faire ce que de droit, Pierre Serna

10. Yannick Bosc, docteur en histoire, maître de conférences en histoire moderne. Chercheur au GRHis (université de Rouen-Normandie), chercheur associé au GREECS (université de Barcelone)

M. Ritchy Thibault est poursuivi pour menace de mort pour avoir proféré à l'encontre d'Emmanuel Macron les propos suivants: « L'éborgneur, n'oublie jamais que nous sommes dans le pays de la Révolution française, le pays qui fait tomber la tête des monarques ! »

1) La Révolution française est le moment fondateur de la République, que tous les élèves de CM2 étudient en classe. L'exécution de Louis XVI en fait partie. Notons que, dans notre histoire, d'autres « têtes de monarques » sont tombées, au sens figuré, qui est d'évidence celui qu'utilise M. Thibault, que l'on pense à Charles X ou à Louis-Philippe. À travers la figure du monarque, M. Ritchy Thibault ne menace personne de mort. Il rappelle que ceux qui exercent le pouvoir exécutif – comme les monarques dans le cas présent – sont les commis du peuple souverain, et que c'est pour avoir manqué aux devoirs de leur charge qu'ils ont été renversés par le peuple souverain.

2) La Déclaration des droits de l'homme et du citoyen de 1789 fait aujourd'hui partie du bloc de constitutionnalité. Elle indique que les êtres humains se réunissent en société pour que leurs droits naturels soient garantis. Son intitulé articule l'homme et le citoyen : c'est par l'exercice de leur citoyenneté que les êtres humains réunis en société contrôlent que la garantie de leurs droits est bien effective. L'article 16 de la Déclaration indique que « toute société dans laquelle la garantie des droits n'est pas assurée, ni la séparation des pouvoirs déterminée, n'a point de Constitution » – en d'autres termes, dans ces cas, la société n'est pas constituée. Lorsque le pouvoir exécutif (ou le législatif) empiète sur les droits des citoyens, le contrat social est rompu, et il revient au peuple souverain de résister à l'oppression – la résistance à l'oppression est un des droits naturels nommés dans l'article 2 de la Déclaration de 1789. C'est ce que rappelle M. Ritchy Thibault en exerçant sa citoyenneté par une interpellation du principal représentant du pouvoir exécutif.

Il s'agit là du principe de fidéicommission, théorisé par Locke, qui structure la tradition républicaine et justifie la résistance à l'oppression : « Qui, écrit Locke, jugera si le Prince, ou la puissance législative, passe l'étendue de son pouvoir et de son autorité ? [...] je réponds que c'est le peuple qui doit juger de cela. En effet, qui est-ce qui pourra mieux juger si l'on s'acquitte bien d'une commission, que celui qui l'a donnée, et qui par la même autorité, par laquelle il a donné cette commission, peut désapprouver ce qu'aura fait la personne qui l'a reçue, et ne se plus servir d'elle, lorsqu'elle ne se conforme pas à ce qui lui a été prescrit *(Deuxième traité,* 1690, § 240). »

3) Peut-on considérer que le président de la République s'acquitte bien de la commission que lui a donnée le peuple souverain ?

– Notons d'abord que l'expression « l'éborgneur » se réfère à la répression des manifestants (en particulier des Gilets jaunes) : la France a été condamnée par la Cour européenne des droits de l'homme pour sa politique de maintien de l'ordre. C'est donc la Cour européenne qui estime que « la garantie des droits n'est pas assurée » (article 16) et nous indique que tout citoyen est dans son rôle lorsqu'il résiste à l'oppression du pouvoir exécutif.

– Notons ensuite que la France a également été condamnée pour sa politique climatique (« l'affaire du siècle »). Le président de la République, commis du peuple souverain, ne s'est donc pas acquitté de la commission dont il avait la charge. Il est donc légitime que tout citoyen dénonce les manquements du pouvoir exécutif.

– Notons enfin que le seul fait que M. Ritchy Thibault soit inquiété pour avoir exercé sa citoyenneté constitue un usage arbitraire du pouvoir. Ce seul fait lui donne raison de résister (symboliquement) à l'oppression et de rappeler les principes de base de la tradition républicaine dont nous sommes les héritiers.

11. Michèle Riot-Sarcey, historienne

Madame ou Monsieur le Président du tribunal judiciaire de Paris, 28e chambre. Professeure émérite des universités, historienne, spécialiste du XIXe siècle, et par là même de la période révolutionnaire commençant avec les révolutions anglaise, américaine et française, auteure de plusieurs ouvrages sur la période, dont *Le Procès de la Liberté* publié en 2016 qui a obtenu le prix Pétrarque France Culture-*Le Monde*, je crois pouvoir témoigner en connaissance de cause en faveur de Ritchy Thibault, étudiant en histoire à Paris VII.

Toute parole prononcée dans un contexte particulier doit être restituée dans les conditions de son énonciation. Nous savons tous combien le mouvement des Gilets jaunes a marqué les esprits. Et, comme nombre de mes contemporains, chercheurs ou simplement soucieux de comprendre notre monde, en tant qu'historienne, en quête de la parole populaire, trop rare dans les sources écrites – les acteurs, sujets de leur propre histoire sont souvent parlés par d'autres –, j'ai cru nécessaire de suivre quelques collectifs qui sont partis en quête de la démocratie réelle. La même démocratie qui, il y a près de deux siècles, fit l'objet de la révolution de 1848. Elle se nommait alors République démocratique et sociale en souvenir de celle de 1792 restée inachevée. N'ayant jamais été mise en œuvre, l'idée de démocratie réelle revient en force, c'est ce que comprirent certains groupes locaux de Gilets jaunes, encore trop mal connus. Raison pour laquelle d'ailleurs le président de la République a tenté d'organiser des rassemblements citoyens qui ravivèrent l'esprit démocratique auprès d'une petite partie de la population. Or ce que l'opinion retient du mouvement, ce sont deux phénomènes spectaculaires : les excès destructeurs et les violences policières dont le président de la République est comptable. Interpeller le président au Salon de l'agriculture dans un moment de tension extrême, c'est tout simplement garder en mémoire vive un passé immédiat particulièrement douloureux dont certains garderont des traces définitives.

Jamais l'histoire ne se répète, pas même par sa caricature, mais toujours le passé est mobilisé, requis, instrumentalisé parfois. J'ai personnellement co-dirigé un ouvrage intitulé *Pourquoi se référer au passé ?* pour tenter de comprendre ces retours récurrents vers une histoire proche ou lointaine.

Depuis longtemps, j'essaie de réfléchir sur les usages politiques de l'histoire. Avec deux autres collègues, Gérard Noiriel et Nicolas Offenstadt, nous avons d'ailleurs fondé le CVUH, ou comité de vigilance sur les usages de l'histoire, en 2005, dont nous célébrons les 20 ans d'existence.

Certaines périodes de l'histoire sont manifestement davantage mobilisées que d'autres. C'est le cas de la période révolutionnaire. Celle-ci a ouvert la voie à l'impossible avait écrit en son temps Edgard Quinet. La Révolution a d'abord ouvert la voie à la liberté de tous et toutes sans jamais parvenir à achever cette promesse. Raison pour laquelle les souvenirs révolutionnaires ne cessent d'être requis. Tout récemment encore, pendant la cérémonie d'ouverture des Jeux olympiques, la Conciergerie a été à l'honneur avec, entre autres, cette image à la fois historique et mythique : une allégorie révolutionnaire en quelque sorte, celle de Marie-Antoinette tenant sa tête dans ses mains. Il s'agit de la référence à l'exécution de Marie-Antoinette pendant la Révolution, mais aussi une forme de remémoration de la fondation de la basilique par saint Denis marchant miraculeusement avec sa tête dans ses mains. Cette image mythique est encore très vive pour les amoureux de la basilique à Saint-Denis (j'ai longtemps enseigné à l'université de Saint-Denis qui s'est toujours distinguée par la diversité de ses étudiants à la fois internationaux et venant du 93 – les premiers masters genre ont été délivrés à Saint-Denis. Nous avons ainsi contribué à diffuser une méthodologie exigeante et novatrice dans d'autres universités : j'ai moi-même fondé le premier master genre à l'université de la Manouba, en Tunisie). Là, également, la mémoire de la Révolution française était encore très vive. Son aura étroitement liée à l'idée de liberté reste présente encore aujourd'hui dans ce pays comme ailleurs. Sa référence sert encore très souvent de slogan mobilisateur.

La référence au passé révolutionnaire n'a cessé d'actualiser les aspects positifs d'un devenir libre. Tout autre est la référence à une histoire engendrée par le ressentiment ou la nostalgie des grands hommes. Cette histoire est morte. L'épopée napoléonienne participe de cette histoire définitivement dépassée. Raison pour laquelle je n'ai pu accepter la Légion d'honneur que les autorités républicaines me proposèrent en 2014 en m'inscrivant sur la liste des promus à une décoration dont le père fondateur avait à son actif le rétablissement de l'esclavage et le Code civil réduisant les femmes à une minorité sociale qui s'éternisa jusque dans les années 1960.

En bref, lorsque Thibault Ritchy se réfère, ou plutôt cite un moment révolutionnaire bien connu des contemporains, il ne fait que raviver la mémoire révolutionnaire en une phrase emblématique de la période de 1789. Simple référence réitérée pendant la cérémonie d'ouverture des Jeux olympiques. N'étant pas monarque, le président de la République n'a pu, cela va de soi, se sentir visé. L'étudiant en histoire dans un contexte de tension était en droit de rappeler le passé révolutionnaire de la France. Un patrimoine incontestable. C'est de cette manière que l'actualité du passé prend tout son sens.

12. David Dufresnes, journaliste et employeur de Ritchy dans le cadre de l'émission La Barricade, qu'il anime sur le média Au Poste

Je soussigné, David Dufresne, gérant de la société Grand Garage et employeur de M. Ritchy Thibault.

Concernant les faits de février 2024 qui sont reprochés à M. Thibault, il m'apparaît très clairement qu'en aucun cas il ne peut s'agir de la moindre tentative d'assassinat ou d'appel au meurtre. Étudiant en histoire, M. Thibault égrène de simples vérités historiques, clairement établies (« *on est dans le pays de la Révolution française, le pays qui fait tomber la tête des monarques* ! ») afin de nourrir son discours. Il s'agit ici de pure contestation politique, et pacifique. Si M. Thibault peut s'engager physiquement, il reste toujours non violent.

Concernant le qualificatif d'« éborgneur » que M. Thibault attribue à M. Emmanuel Macron, là encore, c'est tout à fait attesté. Dans le cadre de mon travail de signalements de violences policières faites lors du mouvement des Gilets jaunes (« allô place Beauvau », disponible sur Médiapart), j'avais relevé 25 éborgnements en quelques mois. Mes chiffres n'ont jamais été contestés et ont été repris par le Parlement européen, l'Assemblée nationale et Michel Forst, rapporteur spécial sur la situation des défenseurs des droits de l'homme de l'ONU.

La situation actuelle, en ce mois d'août 2024, conforte largement les dires de M. Thibault. Alors que la France est plongée dans une situation totalement inédite, avec un Président qui semble refuser le verdict des urnes et se comporte plus en monarque qu'en républicain, tel que la presse étrangère le rapporte régulièrement, on pourrait envisager les propos de M. Thibault, non menaçants, mais prémonitoires.

Pour faire valoir ce que de droit,

Je prie le tribunal d'agréer l'expression de mes respects les plus sincères.

13. Merlin Gautier, écologiste, animateur de PEPS (Pour une écologie populaire et sociale), camarade de Ritchy présent au Salon

24/02/2024 : Salon de l'agriculture, porte de Versailles

Dans le parc des expositions, l'ambiance n'est pas à la visite festive. Les tracteurs de la FNSEA et des Jeunes agriculteurs sont alignés à l'entrée, pendant qu'à l'intérieur, des membres des syndicats, en particulier ceux de la Coordination rurale, ont envahi très tôt les lieux, pour tenter d'interpeller le président de la République.

Macron s'est réfugié dans le bâtiment des animaux d'élevage, dans une salle en surplomb, où il rencontre les différentes organisations syndicales. Il règne une atmosphère électrique de révolte.

Nous sommes venus avec quelques camarades pour soutenir le mouvement de contestation. Les militants de gauche, et en particulier écologistes, s'étaient pourtant tenus à l'écart de la révolte des agriculteurs. Leur blocus étant essentiellement tenu par les syndicats marqués à l'extrême droite, la FNSEA et la CR, beaucoup ne s'y retrouvaient pas et, pour les agriculteurs militants à la Confédération paysanne, beaucoup craignaient de subir des violences de la part de leurs collègues, habitués aux violences contre les petits exploitants bios considérés comme des traîtres au modèle dominant agro-industriel.

Nous avions déjà rejoint un blocus à proximité de Rungis et tenté de déployer une banderole devant l'Élysée « Vive nos paysans, Mort à l'agrobusiness » lors des semaines précédentes pour apporter malgré tout notre soutien à un mouvement juste dans son constat sur les marges absurdes de la grande distribution faite sur le dos des producteurs, et qui les étrangle financièrement.

PEPS étant né pendant le mouvement des Gilets jaunes, nous trouvions naturel de soutenir la révolte sur le terrain, quand bien même beaucoup des révoltés étaient d'extrême droite, et même si les lobbies des phytosanitaires allaient l'utiliser pour avancer leur agenda écocidaire. Pour nous, la justesse d'une cause ne se mesure pas à la bonté de ses acteurs ou à l'instrumentalisation qu'elle va invariablement subir. Et si, depuis plus d'un siècle, la paysannerie est engagée dans une guerre à la Terre qui menace l'ensemble de la nature – humains y compris – par l'érosion de la qualité des sols, la pollution des aliments, la privatisation des semences, la barbarie envers les animaux et l'épuisement de la ressource en eau, eh bien ce n'est pas pour autant que les soldats de cette guerre écocidaire n'en sont pas aussi les victimes, avec une population paysanne qui est passée de 67 % lors de la Révolution française à 1 % aujourd'hui, et avec 300 suicides par an.

Ritchy était déjà venu au Salon de l'agriculture l'année précédente, il avait fait face à Macron en l'invectivant contre sa volonté de repousser à 64 ans l'âge de départ à la retraite. Nous venions au Salon clairement dans le même but de l'interpeller, cette fois par rapport à la loi agricole décriée. Mais, comme les centaines d'agriculteurs en colère, nous n'avons pas pu accéder au monarque, entouré de sa garde de CRS, au milieu des vaches et des moutons. Le dispositif était particulièrement ubuesque. Tout ça pour entourer un show qui se déroulait devant les caméras mais loin des regards, où Macron, manches retroussées, jouait au pédagogue au milieu des dirigeants syndicaux.

Après avoir passé la matinée à courir dans tout le Salon avec le reste des manifestants, nous l'avons aperçu sortir au loin, et Ritchy, monté sur une machine de traite du lait, lui a lancé : « Eh, l'éborgneur, n'oublie jamais que nous sommes le pays de la Révolution française, celui qui fait tomber la tête des monarques ! »

La scène en elle-même n'est pas franchement impressionnante, le Président est très loin, deux lignes de CRS espacées d'une dizaine de mètres le séparent de nous. La foule est calme. Les militants en colère ont peu à peu laissé place à des curieux et des visiteurs du salon. Pourtant, la réplique policière fut immédiate et brutale. À peine descendu, Ritchy est saisi par derrière par un policier en civil qui l'entraîne, le bras serrant sa gorge, jusqu'à un check point gardé par d'autres policiers et inaccessible, déclenchant un mouvement de panique dans la foule.

Nous ne reverrons Ritchy que deux jours plus tard, après qu'il a passé deux jours gardé à vue, avec une poursuite pour « menace de mort » envers le chef de l'État.

Le contraste entre la violence de l'opération répressive et les termes choisis pour qualifier l'action symbolique de Ritchy est saisissant, en particulier dans ce moment de révolte agricole. Qu'est-ce que c'est que ça ?

Trois violences étaient rassemblées à cet endroit, trois violences d'inégales forces, d'inégales brutalités, mais surtout d'inégales légitimités.

La violence que subissent les travailleurs de la terre, qu'ils soient les soldats embrigadés de l'agro-industrie ou des paysans en bifurcation écologique, c'est la violence du système. Ici, une violence de classe, mais une violence tentaculaire, organisée de la planète à l'assiette, rationalisée mécaniquement pour broyer les vies humaines et animales. Cette violence systémique de l'extraction remonte au fond des âges. Elle est depuis les premiers empires, celle qu'infligent les cités à la terre qui les entourent et ceux qui l'habitent. Une violence de pillage, de colonie, d'un prélèvement constant et inégal pour accumuler dans les greniers des seigneurs le surplus de leur confort en maintenant celles et ceux qui travaillent la terre dans la dépendance. De la province romaine d'Afrique, grenier à blé de l'empire antique, aux blés d'Ukraine des guerres modernes, en passant par les plantations coloniales de canne, coton, palmier à huile qui écorchent les terres tropicales et les corps racisés et esclavagisés, nourrir l'empire, c'est nourrir son monde, celui de la violence et de la domination comme système, de la hiérarchie comme organisation. Cette violence se décline toujours en d'autres ramifications : le patriarcat, le validisme, l'industrialisation de la pêche, l'élevage, la chasse, l'artisanat et l'agriculture. Chaque jour, elle emporte des milliers de vies invisibles, sans spectacle, sans bruit. Cette violence n'est pas « banalisée », car elle est depuis toujours ce qui définit la banalité. Cette violence n'est pas juste, sinon la publicité ne serait pas le premier secteur de dépendance des dirigeants modernes, justification permanente de cette injustice permanente. L'ordre, le progrès, le travail, tout est bon pour justifier cette permanence. Pourtant, elle doit bien s'interrompre un jour, car la violence du système va jusqu'à briser les conditions d'habitabilité de notre planète, seul foyer de vie compatible avec notre espèce dans l'univers. Soit nous parvenons à arrêter la violence systémique, soit la violence systémique s'arrêtera d'elle-même, car il n'y aura plus aucune forme de vie à exploiter, mais plus personne ne sera là pour le voir.

L'autre violence, bien sûr, c'est celle qui vient étrangler un activiste fils d'ouvrier agricole, le traîner derrière les barreaux et le juger pour une supposée menace de mort. La violence répressive, celle du monarque, et de son extension administrative contemporaine, l'État. Des théoriciens favorables l'appellent le Léviathan, d'autres, plus critiques, le monopole de la violence légitime. C'est une violence qui refuse effectivement de se justifier, ceux qui l'exercent n'en répondent pas à la population, mais à une force supérieure, que ce soit Dieu ou la nation, voire les deux, selon le régime. La violence répressive est la plus impressionnante, elle se veut spectaculaire pour inspirer la peur, censée dissuader l'expression d'autres violences, mais aussi détourner le regard de la violence bien plus massive du système. En effet, dans nos sociétés capitalistes installées confortablement sur le tas d'or pillé par la colonisation, à la démographie stable, aux institutions anciennes maillant méticuleusement le territoire, la violence répressive n'est pas le centre de l'appareil de domination. Comme l'écrit Gramsci dans son 7e *Cahier de prison* : « L'État est seulement une tranchée avancée derrière laquelle se trouve une chaîne solide de fortifications et de casemates, la solide structure de la société civile. » L'exercice de la violence de l'État par la police à l'intérieur du pays, par l'armée à l'extérieur, vise avant tout à protéger l'ensemble de la hiérarchie des dominations. Il n'est légitime que parce que la société civile lui en donne le droit au nom du maintien de l'ordre hiérarchique qui la rassure et la structure. Pour garder cette légitimité de droit, sa mission n'est pas la sécurité, mais l'entretien d'un double silence. Silence sur la violence du système, qui ne doit surtout pas être arrêté. A-t-on déjà vu une descente de police dans une usine où il y a trop d'accidents du travail chez les ouvriers ? dans une entreprise qui pousse massivement ses employés au suicide ? ou chez un riche qui volait des millions par de l'« optimisation fiscale » ? Bien sûr que non. Mais silence aussi sur toutes les formes de révolte qui ne doivent surtout pas paraître proposer quelques solutions.

La troisième violence, c'est celle de la légitime défense. Elle est celle de la victime, de la résistance, de la marge. On peut difficilement lui contester sa légitimité, pourtant la violence qui vient protéger la vie de la violence du système est rare. Le rôle de ceux qui la répriment est de prétendre agir en son nom. Il n'y a qu'à écouter les ministres de l'Intérieur qui expriment sans cesse cette idée que les crimes commis par les forces de répression protégeraient d'autres vies. La légitime défense ne protège pas de la violence du système et encore moins de la violence répressive. Reléguée aux marges de la société, elle est plus souvent un dernier recours, notamment face à ce qu'on trouve à la convergence de ses trois états de la violence : le crime. Le crime peut être organisé, il n'est alors qu'un aspect de la violence du système qui intègre toujours une part d'illégal, après tout le marché noir est un marché comme les autres. Le crime peut être aussi l'expression d'une oppression systémique comme les viols, les féminicides ou les ratonnades.

Mais il y a bien une part qui n'est pas l'expression de la violence du système, cette part, périphérique, n'est pas très conséquente en comparaison mais constitue la part imprévisible dans la violence qu'abrite en lui chaque être humain. Si l'homme n'est pas un loup pour l'homme, il n'en est pas moins capable d'être embrigadé dans la violence du système, et parfois de la singer, par ricochet, sans que la raison soit directement l'expression d'une résistance, d'une répression ou d'une domination. Cette violence périphérique permet au système qui organise la violence de se légitimer, car elle est absurde et aveugle, contrairement à la logique prévisible des oppressions. La répression des mouvements de résistance ou des populations discriminées consiste justement à les rendre coupables de cette violence périphérique : le « dés-ordre » serait nécessairement une augmentation des crimes, l'anarchie (opposée de la hiérarchie) serait le règne d'une violence encore plus absurde, une sorte de généralisation du crime, les populations réprimées sont essentialisées en criminels ou en terroristes afin de leur retirer leur humanité. Nous aurions tort de nier la part de potentielle violence de l'humanité, car cela viendrait appuyer ces essentialisations. Mais nous devons éviter de la reproduire, de l'entretenir car, en faisant cela, nous ne ferions que poursuivre l'œuvre du système.

Quand Ritchy crie sur Macron, fait-il preuve de violence ? Indéniablement, il y a une violence du système qu'il subit, comme le reste de sa famille, et une violence répressive lors de son arrestation et même avant puisque la police l'a brutalisé pendant la manifestation dans le Salon de l'agriculture. On peut donc dire qu'il y a une forme de geste de résistance dans son cri, notamment lorsqu'il rappelle que d'autres ont perdu la vue à cause de la violence répressive du monarque. Mais son action n'est pas comparable avec la violence révolutionnaire qu'il rappelle alors. De fait, son geste se situe sur le même registre que celui de ses adversaires lorsqu'ils cherchent à intimider, une violence symbolique, théâtrale. Celle-ci n'inflige pas de dommages matériels, elle s'inscrit dans une bataille visuelle, sensible. C'est une non-violence. Elle est depuis toujours l'expression la plus courageuse et la plus forte des peuples qui refusent la domination hiérarchique. C'est le sens littéral de la « manifestation », une démonstration de force qui n'a pas besoin, contrairement à la répression, de faire usage de sa force. Les destructions symboliques qui l'accompagnent ne relèvent pas d'autre chose. Les grands mouvements non violents de la seconde moitié du XXe siècle se sont toujours accompagnés d'actions violentes organisées par d'autres groupes, mais celles-ci n'en étaient pas moins légitimes que de faible intensité par rapport aux répressions subies. La mise en scène symbolique des confrontations permet d'amoindrir la violence d'une résistance tout en augmentant sa légitimité et sa portée. Cet usage de la mise en scène se retrouve dans les conflits tribaux entre les Natifs américains, auxquels nous avons accès par des témoignages de l'époque coloniale et les travaux anthropologiques. La grande ritualisation des conflits ne voit pas disparaître leur violence, mais l'amoindrit, ramenant parfois la guerre à de simples échauffourées.

Il est particulièrement important de ne pas céder à la criminalisation par le pouvoir de nos résistances, surtout symboliques, car elles nous protègent d'abord nous-même, de l'embrigadement du système dans la reproduction de sa propre violence.

14. Freddy Gomez, auteur et militant libertaire
Variation sur la tête des rois

L'histoire pourrait se raconter ainsi…

Un 24 février, un président d'une République jadis sociale réduite à peau de chagrin sous les effets conjugués et répétés de ses coups fourrés d'homme de main du Capital déambule au Salon de l'agriculture. À la différence de certains de ses prédécesseurs, ce président manifeste, semble-t-il, peu d'attrait pour le cul des vaches. Seuls l'intéressent, en vérité, les lobbies capitalistiques qui dévastent la Terre en l'exploitant et les syndicats collabos qui s'en font les supporteurs appointés.

Il est là pour le décor, en somme, le petit homme. Presque discret, ce qui n'est pas dans sa nature. Il est vrai que l'ambiance de ces comices est houleuse, frondeuse même, et que les cerbères chargés de la sécurité du cacique en chef ont veillé à lui conseiller la retenue pour ne pas attiser la colère paysanne qui monte depuis quelques semaines.

En clair, il s'emmerde, le président, comme chaque année au même endroit, mais un peu plus, cette fois. Il sent bien qu'il fait cible, que – comme les lycéens réprimés, les étudiants méprisés, les prolos épuisés et les Gilets jaunes éborgnés – les ploucs le détestent. Contradictoirement, mais unanimement. Au reste, il s'en fout, l'Élyséen. Comme il se fout de tout. C'est un type sans principes, juste doté d'une appétence immodérée pour le pouvoir dont il se veut la quintessence. « Je suis Roi et je vous emmerde », telle est la pensée qui l'habite. Faible, mais bien ancrée.

Le voilà donc qui déambule, entouré de sa garde prétorienne, dans les allées bien gardées de l'enceinte. Sourd aux quolibets qu'il entend et aux vannes qu'on lui lance, il est, sourire crispé aux lèvres, sa propre caricature. Plus vrai que vrai dans l'arrogance surjouée. Narcisse dans toute sa splendeur, il est toujours lui-même, c'est-à-dire rien.

C'est alors que d'un point surélevé de l'arène et faisant de ses mains porte-voix, un jeune homme, notoirement connu des services de police comme harangueur de foules, lance à l'adresse du président : « L'éborgneur, n'oublie jamais que nous sommes dans le pays de la Révolution française, le pays qui fait tomber la tête des monarques ! » Capturé sans résistance par les cognes, l'outrageur fera cinquante heures de garde à vue. Ce jeune homme, c'est un ami. Il s'appelle Ritchy Thibault et il est Gilet jaune depuis l'âge de quatorze ans.

Ce président est, semble-t-il, décidé à lui intenter un procès au prétexte qu'il aurait proféré des « insultes à chef de l'État » – motif finalement requalifié en « menaces de mort ». Rappelons-lui, à toutes fins utiles ou inutiles, que, si le jeune Ritchy, non violent de tempérament, n'a jamais tué personne, le ridicule d'une telle procédure pourrait bien lui faire perdre le peu de crédit qui lui reste à lui, président en partance. Car l'histoire a prouvé, depuis longtemps, que le peuple peut faire tomber la tête des rois sans la leur trancher. Comme l'atteste le cas de Charles X, chassé du pouvoir par l'opposition du pays légal soutenue par l'insurrection parisienne des

Trois Glorieuses, le 2 août 1830, et celui de Louis-Philippe d'Orléans, son fils, qui le remplaça sur le trône avant d'être lui-même chassé par la révolution de 1848. Dans un cas comme dans l'autre, ces deux couronnés, dont la tête ne tomba que *symboliquement* sous la poussée du peuple, s'éteignirent en exil plusieurs années après leur bannissement, leur auguste caboche bien amarrée à leur corps.

Quant à celle du président, qui n'est roi que dans sa tête, elle ne risque rien. Sauf qu'on l'oublie vite. Comme quantité négligeable.

15. Déborah Cohen, historienne

Déborah Cohen

Témoignage en faveur de Ritchy Thibault

Paris, 28e chambre du tribunal judiciaire. 9 août, 13 h 30. M° Porte de Clichy.

Avocats : Henri Braun et Alexis Baudelin

Poursuivi pour « menace de mort envers le président de la République », pour les propos suivants, prononcés le samedi 24 février 2024, au Salon de l'agriculture :

« L'éborgneur, n'oublie jamais que nous sommes dans le pays de la Révolution française, le pays qui fait tomber la tête des monarques ! ».

Je m'appelle Déborah Cohen, j'ai 51 ans, je suis maîtresse de conférences, habilitée à diriger des recherches, à l'université de Rouen. Je suis spécialiste de l'histoire des luttes sociales et politiques, au XVIIIe siècle et durant la Révolution française. Je ne viens pas ici délivrer une parole savante qui aurait manqué à Ritchy Thibault, je viens m'inscrire dans les traces de son discours, l'accompagner et en confirmer la portée historique. Ritchy Thibault sait manifestement très bien ce qu'est la tradition révolutionnaire française, non seulement parce qu'il est étudiant en histoire, mais parce qu'il s'inscrit consciemment dans une tradition politique française où il s'est toujours agi, ainsi que l'écrivait l'historienne Michèle Riot-Sarcey dans son ouvrage *Le Procès de la liberté*, de « dessiner un devenir historique dont la légitimité est enracinée dans le passé advenu ». Elle ajoutait : « c'est davantage vers le passé que se tournent les individus critiques ou les collectifs agissants, que vers l'avenir. Il s'agit, pour la plupart des acteurs, de récupérer un passé oublié, une mémoire enfouie, une expérience perdue ».

Il y a en France un imaginaire social qui met en son cœur l'histoire révolutionnaire. C'est de tout cela qu'est nourri Ritchy Thibault. Cet imaginaire social est largement partagé. On a encore pu le voir très récemment, le 26 juillet dernier, lors de la cérémonie d'ouverture des Jeux olympiques de Paris. Devant la Conciergerie éclaboussée de sang fictif, une diva a entonné le « Ça ira » révolutionnaire, grimée en Marie-Antoinette portant sa tête coupée. Oui, ce soir-là, la France avait bien choisi de se présenter au monde comme « le pays qui fait tomber la tête des monarques », au sens tout à fait concret et sanglant du terme.

Pour autant, cet imaginaire social révolutionnaire n'est pas limité à cet épisode sanglant. La tête guillotinée n'est en réalité qu'une synecdoque, le petit élément d'un tout qui la dépasse, le signe marquant d'une pensée révolutionnaire plus large. Quand la France se pense comme le « pays de la Révolution française », il s'agit plus largement d'une tradition révolutionnaire et rebelle, dont la période ouverte en 1789 n'est que le porte-drapeau, le moment le plus marquant, et la mort du couple royal un symbole avant tout. En août 2018, le président Macron avait parlé du peuple français en évoquant des « Gaulois réfractaires ». N'était-il pas alors lui-même marqué par cet imaginaire révolutionnaire (ou, en l'occurrence, contre-révolutionnaire) ?

Dans les dernières années, cet imaginaire s'est manifesté à plusieurs reprises et avec des modalités différentes. En octobre 2013, un mouvement populaire a surgi en Bretagne pour lutter contre l'écotaxe prévue par le gouvernement socialiste. Ce mouvement utilisait la référence aux Bonnets rouges – une révolte antifiscale de 1675. Ce mouvement, et sa persistance mémorielle, ont fait l'objet d'une thèse par Gaëtan Bonnot, sous la direction de… Patrick Boucheron, co-auteur de la cérémonie d'ouverture des JO de Paris 2024 : vous voyez comment tout se tient et comment circulent les références contestataires.

Il est cependant exact que c'est la référence à la Révolution française qui a été la plus prégnante les dernières années. On l'a notamment vue particulièrement mobilisée dans le mouvement des Gilets jaunes, en 2018-2019. Or Ritchy Thibault a intensément participé à ce mouvement et s'y est formé politiquement. C'est donc, je crois, à partir de l'interprétation qui fut celle de ce mouvement qu'il faut comprendre l'usage que fait le prévenu de la référence à la Révolution française. On ne peut pas dissocier la phrase « n'oublie jamais que nous sommes dans le pays de la Révolution française », de l'interpellation qui la précède « L'éborgneur » ! Ce mot renvoie de manière absolument explicite et transparente au mouvement des Gilets jaunes : 23 personnes avaient en effet été éborgnées dans la répression alors conduite, sous la responsabilité de M. Christophe Castaner, ministre de l'Intérieur, et du président de la République, Emmanuel Macron.

Ritchy Thibault s'inscrit donc dans une mémoire nationale ancienne, un imaginaire social partagé, et dans une colère collective récente. Ce qu'il dit n'est pas le projet d'un individu (mettre à mort de ses petites mains le président de la République ?), mais la mémoire collective d'un peuple.

Dans cette mémoire, le roi au fond importe peu, il signifie un moment. Ce qui se transmet depuis des siècles, ce sont avant tout les figures de l'opposition populaire et celle de la souveraineté du peuple, à partir de la Révolution française. Sur le dos des Gilets jaunes, les références s'affichaient. On peut aujourd'hui encore en documenter la présence en consultant le site internet du collectif Plein le dos (https://pleinledos.org/). On y trouvera par exemple ceci :

« Nous sommes le 14 juillet 1789 »,

« Sire, ils ont pris la Bastille. – C'est une révolte ? – Non, Sire, c'est la Révolution ! ! ! 1789-2028 »
« Les fainéants, les cyniques, les illettrés, les Gaulois réfractaires, les gens qui sont rien sont dans la rue ! 1789-2018 ».

« Quand le gouvernement viole les droits du peuple, l'insurrection est pour le peuple et pour chaque portion du peuple le plus sacré des droits et le plus indispensable des devoirs » (c'est l'article 35 de la Constitution du 24 juin 1793, la Constitution de la 1re République française).

C'est donc avant tout l'autoreprésentation du peuple qui domine sur ces gilets. Le mouvement a montré qu'au centre de sa critique se trouvait une république qui, ayant sanctifié la représentation, les députés élus et la figure présidentielle, en oubliait ce qui fonde le régime républicain : la souveraineté du peuple. C'est ce peuple souverain qui se donne à voir et, en 2018, s'autorise de l'action du peuple de 1789-1792. C'est ce peuple qui demande le RIC (référendum d'initiative citoyenne) et refuse toute forme de délégation en son sein.

Les références au roi sont en revanche rares. On trouvera :

« 1789 : à bas le roi ! 2018 : à bas l'argent-roi ! Révolution citoyenne » (où il s'agit encore une fois de mettre l'accent sur la mobilisation citoyenne.

Les références au roi ne sont néanmoins pas complètement absentes :

« 1789 -> 2018. Non au Rois (*sic*) Macron ». Le pluriel est ici peut-être faute d'orthographe, mais plus sûrement affirmation républicaine : c'est bien du refus *des* rois qu'il s'agit, du refus de la royauté ou de toute autorité annihilant la souveraineté du peuple. L'enjeu n'est pas la tête ou la mort de tel ou tel. L'enjeu est la forme du régime.

C'est donc dans cette logique, qui fut celle du mouvement des Gilets jaunes, que s'inscrit le prévenu : une critique de tout ce qui menace la souveraineté populaire.

En outre, Emmanuel Macron n'est pas roi au sens strict. Il est le président d'une république issue de la Révolution française qui a mis fin à la monarchie. Dans la phrase prononcée par Ritchy Thibault, « monarque » ne peut donc être compris que comme une métaphore – une métaphore de l'excès de pouvoir qui menace la souveraineté du peuple. « Tomber la tête » est donc également une métaphore. Il ne s'agit pas de mise à mort d'une personne, mais de chute d'un régime – la monarchie ou tout pouvoir qui ne reconnaîtrait pas la souveraineté du peuple.

Emmanuel Macron a lui-même suggéré cette métaphore. En 2015, alors qu'il n'était encore que ministre de l'Économie, il regrettait dans une interview donnée au journal *L'Express*, que « la figure du roi » soit « absente de la vie politique française », et soulignait que selon lui « ce qu'on attend du président de la République, c'est qu'il occupe cette fonction ». La phrase de Ritchy Thibault vient contrecarrer cette interprétation. À la parole du ministre et désormais président de la République, qui considère que les Français auraient la nostalgie de la monarchie et souhaiteraient que la république fût « comme » une monarchie, le président « comme » un monarque, Ritchy Thibault oppose au contraire la certitude, ancrée dans l'histoire ancienne et récente, que les Français sont un peuple républicain qui demande à être dirigé dans le respect de sa souveraineté. En république, le souverain c'est le peuple. Au fond, ce que dit Ritchy Thibault est simple : « Macron, toi qui as utilisé la force brute pour réprimer l'expression du peuple, souviens-toi que tu es en république, que les monarques ont chu et que le seul souverain, c'est le peuple ».

« Faire tomber la tête des monarques », ce n'est donc que faire choir la monarchie ou tout régime qui ignorerait la souveraineté populaire. « Faire tomber la tête des monarques », c'est une métaphore. Il n'y a là aucun appel au meurtre, assurément pas individuel, mais pas non plus collectif. Et du reste, la question même de la mort physique du roi – si elle a certes donné lieu à un long débat à l'automne 1792 et à un procès en janvier suivant –, cette question n'est en elle-même pas très importante pour les révolutionnaires de l'époque. La tête de Louis XVI est tombée le 10 août 1792 et non le 21 janvier 1793. Le 10 août, par son entrée en insurrection, le peuple a repris sa souveraineté et fait tomber la monarchie. Le 21 janvier est de peu d'importance :

dans son ouvrage, *L'Exécution du roi,* l'historien Jean-Clément Martin souligne d'ailleurs qu'aucun député de la Convention n'y assiste, que les manifestations en faveur du roi, sur l'ensemble du territoire de la République, sont en nombre infime, et que dès l'après-midi de ce jour, la vie reprend son cours ordinaire. L'exécution prend sens dans les luttes internes aux forces présentes à la Convention, mais c'est l'émeute qui a été décisive pour condamner le souverain. Les révolutionnaires sont souvent indifférents à la question de la mort ou de la vie de Louis Capet. Je me permets de vous citer quelques lignes d'une Adresse des Fédérés réunis à Paris et des sections de Paris – Adresse lue à la Convention le 4 novembre 1792 : « On a dit, écrivent-ils, que nous voulions assassiner le ci-devant roi ; et certes Louis XVI n'excite pas plus notre attention que s'il eût jamais existé. » Pour eux, la tête du monarque est déjà tombée. Je pense que Ritchy Thibault ne veut pas plus assassiner Emmanuel Macron que les Fédérés de 1792 n'en voulaient à la vie de Louis Capet. C'est à réaffirmer la république et à rendre au peuple sa souveraineté qu'ils s'attachent.

16. Christophe Dettinger

Madame la Juge,

Monsieur le Juge,

Je me présente, Dettinger Christophe. Je suis présent en tant que témoin de Ritchy Thibault à la suite de la plainte pour menace de mort déposée par Emmanuel Macron. En effet, étudiant en histoire, du haut de ses vingt ans, Ritchy a simplement fait référence à l'histoire de France : « Macron l'éborgneur, n'oublie pas que l'on est le pays de la Révolution. Le pays qui fait tomber la tête des monarques. » Si Emmanuel Macron se prend pour un monarque, c'est son problème.

J'ai découvert Ritchy sur les réseaux sociaux au début du mouvement des Gilets jaunes, un jeune de 14 ans. Ritchy et moi faisons partie de la communauté des gens du voyage. On ne nous éduque pas à la politique étant donné que notre communauté est mal perçue par l'État français : cela crée des difficultés à se sentir tout simplement citoyen, à trouver sa place et à s'intégrer.

Les gens du voyage n'ont le droit de vote que depuis 2012. Ritchy, lui, a eu un éveil de conscience en échangeant avec des citoyens sur les ronds-points.

Il s'est rendu compte que le système politique actuel n'était pas équitable et que les injustices étaient nombreuses dans notre pays. Alors qu'il était en échec scolaire, il a ensuite rouvert ses cahiers d'école, lu beaucoup de livres. Il est à ce jour étudiant en histoire.

Bravo à lui.

Nous nous sommes rencontrés à ma sortie de prison, car j'ai été emprisonné pour m'être opposé à la répression policière : un gendarme frappait une femme au sol, apparemment soutenu par sa hiérarchie. Ainsi, toutes les plaintes déposées par des personnes ayant subi des violences lors de manifestations sont toujours classées sans suite. Quelle violence !

Alors même que j'étais inconnu des services de police et que j'étais fonctionnaire, j'ai subi une pression médiatique insupportable, certainement parce que je suis gitan. J'ai eu un procès démesuré parce qu'il fallait faire exemple. Avant de me rendre, Emmanuel Macron a osé dire que je n'avais pas les mots d'un gitan et que j'étais manipulé par l'extrême gauche.

Ces propos sont purement et simplement racistes. Quel mépris !

Parce que j'ai connu le racisme et la pression de mon pays, je me dois d'être solidaire de mon jeune camarade Ritchy qui, en soi, n'a rien fait de mal, mais dont les propos dérangent les bourgeois bien-pensants de notre pays. Forcément, un jeune voyageur qui est présent dans différentes luttes – GJ, réforme des retraites, violences policières, DAL, répartition des richesses, contre l'antitsiganisme, PEPS (Pour une écologie populaire et sociale), pour une justice sociale équitable, pour le bien commun, etc. – et qui ose s'exprimer, ça pique. Quel courage !

Le monarque préside notre pays animé par un grand mépris à l'égard des gens qui, selon lui, ne sont rien. Il a laissé des manifestants se faire mutiler, se faire incarcérer, se faire amender, se faire interpeller abusivement, il nous a assommés à coup de 49.3, dernièrement il ne respecte même pas les urnes. Quelle honte !!!!

Madame la Juge, Monsieur le Juge, cela est mon témoignage, j'espère que vous comprendrez que ce procès est une vaste fumisterie, il se sert de ces pouvoirs et de vos fonctions sans aucun scrupule.

ÉPILOGUE : COMMENT FAIRE TOMBER LA TÊTE DES MONARQUES ?

Faire tomber un monarque, en d'autres termes contraindre un dirigeant à l'abdication, c'est incontestablement une bonne chose. Cependant si tout de suite après sa chute, le monarque est remplacé par un de ses pairs, alors il faudra tout reprendre et répéter indéfiniment ce processus. Pour être plus concret, si demain le peuple de ce pays fait tomber Macron, notre joie ne sera qu'éphémère, car un autre politicien viendra très vite prendre sa place dans le luxueux palais de l'Élysée. On constate donc que l'enjeu n'est pas tant de changer l'homme qui se trouve à la tête du pouvoir, mais davantage de changer la société, c'est-à-dire de mettre fin au régime dans lequel un homme seul concentre et exerce tous les pouvoirs.

En ce sens, lorsque je prononce la phrase « faire tomber la tête des monarques », j'énonce un impératif politique, qu'il ne faut en rien confondre avec l'incitation à couper des têtes.

Des têtes ont déjà été coupées dans ce pays, la plus célèbre d'entre elles étant celle de Louis XVI, qui a été guillotiné le 21 janvier 1793, mais le résultat de cet acte n'a pas été celui escompté. Cette décapitation n'a pas fait disparaître la conception et l'exercice monarchique du gouvernement, le modèle-monarchie, du grec *mono* [« seul »] et *kratos* [« pouvoir »], perdure ; le régime présidentiel actuel en est la continuité.

232 ans après la décollation de Louis XVI, il y a toujours à la tête du pays un chef qui peut faire à peu près ce qu'il veut. Certes, il ne porte plus le titre de monarque mais celui de président, il ne légitime plus son pouvoir par l'Église mais par l'élection ; cependant, pour se maintenir au pouvoir, le monarque d'antan et le président d'aujourd'hui utilisent la même méthode, à savoir la répression à l'aide de leurs nervis, hier armés de baïonnettes et aujourd'hui de LBD 40.

La Révolution française demeure un processus inachevé, le mouvement des Gilets jaunes nous l'a rappelé, ce mouvement s'inscrivant parfaitement dans le sillage de cette dernière. En attestent les nombreuses pancartes et dos de Gilets jaunes remplis de slogans et d'images comparant Macron à Louis XVI. En effet, de la Révolution française à la Commune de Paris de 1871, jusqu'aux ronds-points occupés par les Gilets jaunes, il y a là un continuum, celui d'un peuple qui se meut et qui s'autonomise partout là où il vit. Les Gilets jaunes sont le dernier épisode révolutionnaire que nous avons connu, non pas parce qu'ils ont fait tomber le pouvoir mais parce qu'ils ont constitué leur propre pouvoir, notamment à travers les ronds-points qui furent une constellation de communes insurgées, ainsi que l'écrit l'intellectuel Laurent Jeanpierre dans son ouvrage *In Girum, les leçons politiques des ronds-points* (La Découverte, 2019).

Abattre l'homme qui est à la tête du pouvoir, c'est se tromper de cible, nombreux sont les prétendants qui sont impatients de le remplacer sur le trône. L'occupant de la fonction n'est que le symptôme d'un mal se situant dans l'organisation d'une société qui permet, et qui rend possible, le fait qu'un homme puisse occuper une telle fonction et concentrer autant de pouvoirs.

L'impératif politique « faire tomber la tête des monarques » signifie qu'il faut rendre impossible l'exercice du pouvoir par un seul, par une caste ou une classe, mais que pour arriver à cette finalité il faut faire du peuple le seul souverain.

Beaucoup diront que le peuple est déjà souverain, mais voilà une affirmation bien fallacieuse. Le régime sous lequel nous vivons, la Ve République, est organisé autour d'un moment clé, celui de l'élection, qui consiste à élire des représentants et gouvernants, à savoir des maires, des conseillers départementaux et régionaux, des députés et, tout en haut de la pyramide, le chef suprême qu'est le président de la République. Mais élire des représentants revient précisément à renoncer à sa souveraineté et à son autonomie politique.

La véritable souveraineté politique consiste non pas à laisser quelqu'un décider à sa place, mais à décider soi-même.

Pour être souverain, le peuple doit être autonome au sens étymologique de ce terme, à savoir le grec *autonomos* signifiant « qui agit de soi-même ».

Une question se pose assez logiquement : quel modèle permet une véritable souveraineté populaire ?

La proposition que je fais avec le collectif politique dont je suis le porte-parole, PEPS (Pour une écologie populaire et sociale), c'est de défendre un modèle communaliste, c'est-à-dire un modèle dans lequel la vie politique et les décisions s'organisent et sont prises à l'échelle de la commune, ou du quartier dans les grands espaces urbains. C'est, à nos yeux, l'échelle la plus adéquate pour permettre une réelle vie démocratique. Plus la décision se prend à un échelon territorialement étendu, plus elle contrevient à la diversité des aspirations et des modes de vie des habitants de ce territoire. À nos yeux, cette diversité est une richesse et une force, qui peut s'unifier dans une confédération des communes et des peuples libres, qui serait tout le contraire d'un État jacobin centralisateur qui cherche à nous uniformiser par la violence.

Jamais le pouvoir n'a été aussi éloigné de nous, que ce soit avec les échelons technocratiques que sont l'intercommunalité et la métropole, ou par l'exacerbation du contrôle sur nos vies de la bourgeoisie mondiale.

À l'heure de l'impérative révolution écologique dont notre survie et celle de la nature dépendent, le triomphe du modèle politique de la Commune est d'autant plus vital. Nous considérons que la mondialisation a pour objectif un Empire-Monde, dans la continuité des empires coloniaux, elle est une aliénation, en ce sens, notamment, qu'elle nous fait cesser d'habiter la Terre, qu'elle viole continuellement pour en extraire des richesses. *A contrario*, l'échelle locale, que nous défendons, la commune, permet, car c'est une échelle humaine, de maintenir un lien palpable avec le vivant, un lien que l'on peut qualifier de charnel.

L'exercice du pouvoir populaire n'autorise aucune compromission avec les élites capitalistes qui ont intérêt aux catastrophes écologiques qu'elles utilisent systématiquement pour renforcer leur contrôle sur nos terres et nos corps.

Notre stratégie repose sur l'empouvoirement des classes populaires et la confédération des forces et des lieux d'émancipation.

Par « empouvoirement » des classes populaires, nous entendons défendre une stratégie d'auto-organisation de ceux qui sont les premiers à faire face aux oppressions de classe, de race, de genre et de handicap, les mêmes qui sont les premiers frappés par les catastrophes écologiques et les pollutions. En tant qu'opprimés, nous faisons l'objet de toutes les instrumentalisations ; que l'on nous demande de nous taire devant les injustices, que l'on nous demande de bénir par nos votes des politiciens, d'applaudir un sauveur suprême ou de nous ranger derrière un parti d'avant-garde, nous sommes chaque fois assignés à l'apolitisme, privés de notre pouvoir réel en tant que peuple. Nous n'avons besoin de personne pour venir nous sauver, nous nous sauverons nous-mêmes.

Cet « empouvoirement » des classes populaires nécessite la construction et la structuration d'initiatives et de lieux d'émancipation, afin qu'ils soient efficaces, confédérés. La confédération des forces et des lieux d'émancipation est un travail quotidien auquel nous contribuons avec PEPS et tant d'autres. Parmi ces forces et ces lieux, je me permets de vous citer quelques exemples que je connais de près et qui vous donneront une idée du monde qui se dessine.

Un monde de solidarité et d'entraide, un monde d'accueil sans condition, comme le met en pratique la Maison du peuple de Nantes. Un monde dans lequel on reprend la main sur notre alimentation, où l'on mange toutes et tous sain et à sa faim, comme l'expérimente l'épicerie autogérée la Source, notamment lancée à Dunkerque, par notre camarade Gilet jaune, malheureusement disparu, Fabrice Joyeux. Un monde que l'on peut écouter par une information libérée du diktat des milliardaires comme tente de le faire à Paris la radio associative Cause commune, mais aussi des médias indépendants de plus en plus nombreux que vous connaissez déjà sûrement si ce livre est parvenu entre vos mains. Un monde où les opprimés se défendent eux-mêmes, à l'image de la puissante campagne de mobilisation #VoyageursContreleRN qui a massivement mobilisé les voyageurs contre le risque de l'arrivée de l'extrême droite antitsigane au pouvoir. Un monde dans lequel nous transformons des lieux sans vie en agoras joyeuses comme sur le rond-point des vaches à Rouen et tous les autres ronds-points qui ont survécu à la répression.

Chers amis, nous avons la volonté commune d'arracher une vie meilleure et nous sommes déjà nombreux à la tâche.

Alors, certes le chemin est difficile, car une petite minorité a intérêt au maintien du Vieux Monde et nous dresse de nombreuses embûches. Mais avec un bon plan de bataille, il est possible de ne pas rebrousser chemin et d'éviter les impasses dans lesquelles on veut nous piéger.

Les dominants font tout pour nous décourager, pour nous pousser à la résignation, pour nous faire croire que rien d'autre n'est possible et que nous sommes condamnés à subir le pire.

Ils n'hésitent pas à prendre pour cible certains d'entre nous afin d'en faire des exemples, c'est pourquoi il faut plus que jamais faire vivre la solidarité populaire face à l'instinct de survie de la bourgeoisie qui, pour maintenir la pyramide sociale, nous fait subir une violence de plus en plus grande.

La minorité dirigeante alimente le désespoir, mais qu'elle prenne garde, car, comme le disait Daniel Balavoine, « le désespoir est mobilisateur, et que lorsqu'il devient mobilisateur, il est dangereux ».

L'accentuation de la répression et de la mise au pas de la société est en partie symptomatique de la peur qui est la leur face à l'effervescence politique et sociale en cours dans le pays.

Ce n'est pas facile, mais il faut tenir bon et maintenir notre cap, et ainsi nous finirons par les faire abdiquer, car le temps est l'ami du juste.

Combativement !

Ritchy Thibault

Du même auteur chez Massot éditions, 2024

Achevé d'imprimer par
Normandie Roto Impression s.a.s.
61250 Lonrai
N° d'impression : 2500931

Imprimé en France